Stephanie Möller / Henning Röhl

Lea und Tabea

So Gott will

Die bewegende Geschichte
der siamesischen Zwillinge

BRUNNEN

VERLAG GIESSEN·BASEL

© Brunnen Verlag Gießen 2005
www.brunnen-verlag.de
Redaktion: Ralf Tibusek
Umschlagfoto: STERN/Picture Press, Hamburg
Umschlaggestaltung: Ralf Simon
Satz: DTP Brunnen
Druck: Ebner und Spiegel, Ulm
ISBN 3-7655-3867-1

Inhalt

Was für eine Geschichte!	3
Ein Jahr, in dem sich viel verändert hat – Wie alles begann	7
Die Geschichte – Ein neugieriges und lebensfrohes Duo	17
Die Entscheidung der Eltern	34
Gäbe es eine Alternative zur Trennungsoperation?	46
Benjamin Carson – Ghettokind und renommierter Neurochirurg	50
Die Trennungsoperation	54
Lea und Tabea in den Medien	76
Die behandelnden Ärzte	103
Lea und Tabea – zwei wichtige und wertvolle Menschen	112

Was für eine Geschichte!

Die Bilder von Lea und Tabea, den beiden kleinen siamesischen Zwillingsmädchen aus Lemgo in Westfalen, gingen um die ganze Welt. Die Mädchen, die am Kopf zusammengewachsen sind, und trotzdem fröhlich und strahlend ihr Leben genießen, sind für einige Monate zu kleinen Persönlichkeiten des öffentlichen Interesses geworden. Und sie begleiten uns über diese Zeit hinaus.

Sie und ihre Eltern Nelly und Peter Block gehören für viele zu den *Menschen des Jahres 2004*. Und das zu Recht. Denn sie waren sehr mutig und stark. Sie haben getan, was wahrscheinlich nur wenige an ihrer Stelle getan hätten. Und sie haben durch ihr Verhalten einiges bewegt. Sie haben uns zum Nachdenken gebracht. Zum Nachdenken darüber, was ein Leben wert ist und wer letztlich entscheidet, ob ein Kind geboren wird oder nicht. Sie haben gezeigt, wie schwer, aber auch wie sinnvoll es ist, alle Kraft darauf zu verwenden, Leben zu gestalten.

Diese Zusammenhänge betreffen nicht nur Nelly und Peter. Sie gehen uns alle an. Sie gehen mich etwas an und Sie. Aber: Können wir die Fragen, die sich dabei stellen, überhaupt beantworten? Dürfen wir derartige Entscheidungen eigenmächtig treffen? Deshalb soll hier noch einmal die Geschichte von Lea, Tabea und ihren Eltern erzählt werden, denn sie geschieht immer wieder. Sie ist selten, weil sie in Deutschland statistisch gesehen nur bei jeder 2,5-millionsten Geburt vorkommt. Und sie geschieht doch – so oder so ähnlich – sehr häufig, weil sich Menschen wie Nelly und Peter für das Leben entscheiden. Manchmal sogar für ein Leben, das auf den ersten Blick kein gewöhnliches und „normales" Leben zu werden scheint. Die Geschichte geschieht immer wieder, weil Menschen für ihre Entscheidung in der Öffentlichkeit stehen und sich verteidigen müssen. Damit setzen sie sich freilich der Gefahr aus, für ihre Entscheidung verurteilt zu werden.

Die einen feiern die Eltern von Lea und Tabea als Helden, die anderen üben laute Kritik an deren Entscheidung und Verhalten. Diese zugleich bewegende und bewegte Geschichte hat viele Diskussionen ausgelöst. Wer sich daran beteiligt, sollte das gut informiert und wohl überlegt tun. Dieses Buch will dazu beitragen.

Es ist vor allem den Müttern und Vätern gewidmet, die nicht die Freude über ein gesundes Kind mit so vielen Eltern teilen, sondern ihr Glück mit einem behinderten Kind erleben oder den Schmerz über den Verlust ihres Kindes im Herzen tragen.

Ein Jahr, in dem sich viel verändert hat – Wie alles begann

Es ist Donnerstag, der 24. Februar 2005. Auf den Tag genau ein Jahr ist es her, dass die Eltern von Lea und Tabea das erste Mal außerhalb ihres privaten Umfeldes über die Zukunft ihrer beiden Zwillingsmädchen gesprochen haben. Ich bin jetzt auf dem Weg zu den Eltern. Noch ungefähr 15 Kilometer, dann müsste ich in Lemgo sein. Lemgo im Kreis Lippe, zwischen Rinteln und Detmold, an der B 238 gelegen. Es ist die Wahlheimat der Familie.

Es ist kurz nach 13 Uhr. Die Mittagsmüdigkeit, die sich für gewöhnlich um diese Zeit bei mir breit macht, hat heute keine Chance. Viel zu groß ist die Aufregung. Die Spannung steigt, je später es wird. Gegen 17 Uhr bin ich mit Nelly und Peter Block verabredet. Wir wollen darüber reden, wie es ihnen und Lea jetzt geht. Wie sie die letzten Monate erlebt haben und wie sie bis jetzt mit dem fertig geworden sind, was in dieser Zeit alles geschah.

Noch habe ich ein wenig Zeit. Ich will sie nutzen, um die Stadt ein bisschen kennen zu lernen. Ich fahre den Berg hinunter ins Zentrum. Ich versuche, das Grab von Tabea zu finden. Ich bin neugierig, wie es wohl geschmückt ist. Auf diese Weise möchte ich die Eltern verstehen und ihnen nahe sein. Ein Grab schweigt ja nicht, wie es uns ein Sprichwort weiß machen will, sondern es erzählt eine Geschichte. Es erzählt die Geschichte vom Leben der kleinen Tabea, die nur ein Jahr, einen Monat und sieben Tage alt wurde.

Auf einem Parkplatz halte ich an und frage eine vorbeikommende Frau nach dem Weg zum Friedhof. Gemeinsam schauen wir auf den Stadtplan, der dort neben dem zugefrorenen Bächlein hängt. „Willkommen in Lemgo", lese ich. Obwohl ziemlich viel Schnee liegt, wärmt mich die Sonne. Wir kommen ins Gespräch: *Lemgo ist schön. Eine alte Hansestadt mit einer herrlichen Altstadt. Sie müssen ins Hexenbürgermeisterhaus gehen, wenn Sie schon einmal hier sind. Dort haben sie früher Hexen verbrannt und heute ist das ein Museum,* sagt diese Frau. Das werde ich wohl nicht schaffen. Ich spreche sie auf Lea und Tabea an: *Man sollte sich raushalten, wenn man selbst nicht betroffen ist,* sagt sie. Kann man das wirklich?

Ich mache mich auf den Weg zu Tabeas Grab: Am Kreisverkehr links, dann an der nächsten Kreuzung wieder links und an der übernächsten Ampel rechts den Berg hinauf Richtung Waldfrieden. Ich bin schon fast außerhalb der Stadt, beinahe mitten im Wald. Links und rechts stehen nur noch ab und zu ein paar Häuser. Ob ich noch auf dem richtigen Weg bin?

Oben angekommen, wird mir klar, dass ich es nicht schaffen werde, auf diesem riesigen Friedhofsgelände das richtige Grab zu finden. Soll ich bei der Friedhofsverwaltung nach der Grabstelle fragen? Ob man mir es überhaupt sagt, ich bin ja keine Angehörige? Außerdem ist es mir unangenehm, schließlich wissen die Eltern nichts davon. Ob sie es überhaupt gern haben, wenn ich mich hinter ihrem Rücken auf die Suche mache? Später erzählen sie mir, dass ich gar nicht auf dem richtigen Friedhof war.

Ich frage mich, was die Eltern wohl gefühlt und gedacht haben, als sie Ende September den Sarg und den Leichnam ihrer kleinen Tochter zu Grabe trugen. Gern würde ich gemeinsam mit Nelly und Peter zum Grab ihrer kleinen Tochter gehen. Es ist ein guter Ort, über Tabea zu sprechen. Über die gemeinsame Zeit, die sie mit ihr verbracht haben und über ihren Tod. Über die Erinnerungen an sie und über die Hoffnung, sie irgendwann wiedersehen zu können. Ein Ort, der so wieder Leben in sich birgt. Ob Tabea geahnt hat, dass sie sterben wird? Können so kleine Kinder das überhaupt? Haben ihre Eltern vielleicht sogar mir ihr darüber gesprochen, obwohl sie wussten, dass Tabea das nicht versteht?

Nach dem Gespräch wird es schon dunkel sein, aber vielleicht ergibt sich morgen noch eine Gelegenheit. Jetzt wird es Zeit, dass ich mich auf den Rückweg mache und zu Nelly und Peter Block nach Hause fahre. Unruhe macht sich in mir breit. Ich halte vor einem größeren Haus. Mehrere Autos stehen dort. Auch der VW Multivan, den ich aus den Fernsehberichten über die Familie kenne. Vorne eine Werkstatt, dann Büros und hinten schließlich die Wohnungen. Alles sieht sehr neu aus. An der Tür drei Klingelschilder mit der gleichen Aufschrift „Familie Block". Ich entscheide mich für die Unterste.

Peter öffnet die Tür. Er lächelt und bittet herein. Dann kommt Nelly. Ihr Bauch ist gewachsen. *In zwei Wochen ist es ja schon soweit,* sagt sie. Das hätte ich nicht gedacht, sondern vermutet, dass es noch sechs bis acht Wochen dauert. *Dieses Mal sind es ja keine Zwillinge,* antwortet sie mit einem verschmitzten Lächeln auf ihrem Gesicht.

Wir nehmen im Wohnzimmer auf der Sitzgruppe Platz. Auf der Lehne steht ein Bild von Tabea. Auch im Geschirrschrank stehen Familienfotos. Langsam kommen wir miteinander ins Gespräch. Ich empfinde die Atmosphäre als angespannt. Es braucht eine ganze Weile, bis sich die Stimmung lockert.

Es war ein Jahr, in dem sich viel verändert hat, sagt Nelly, als sie auf die vergangenen 365 Tage zurückblickt. Ein Jahr, an das sich auch Henning Röhl sehr gut erinnert. Mit ihm bin ich bei Nelly und Peter zu Gast. Er führt mich heute in die Familie ein. Er war so etwas wie Berater und Ansprechpartner für Nelly und Peter. Als Journalist kennt er sich aus und gab ihnen wichtige Tipps im Umgang mit den Medien und der Öffentlichkeit. Und als Christ und Hauptverantwortlicher von Bibel TV kann er die Haltung der Familie vielleicht auch besser einschätzen. Durch seine Erzählungen habe ich die Familie Block und ihre tragische Geschichte kennen gelernt.

Henning Röhl erzählt: Als ich Ende Januar 2004 auf dem Nachhauseweg war, ruft mich Helmut Matthies an. Er ist Chefredakteur der Zeitschrift IdeaSpektrum. Wir kennen uns gut und er erzählt mir von der Frau eines Bekannten. Sie sei Lehrerin an einer christlichen Schule in Lemgo gewesen und hätte eine Kollegin, die im August 2003 siamesische Zwillinge zur Welt gebracht habe. Zwei Mädchen mit Namen Lea und Tabea.

Das gibt es doch nicht, dachte ich in diesem Moment. Die Eltern der beiden Mädchen wussten, dass ihre Kinder eine so schwere Fehlbildung haben würden. Sie haben sich trotzdem für die Geburt und gegen einen Schwangerschaftsabbruch entschieden.

Helmut Matthies erzählt weiter, dass sie bekennende Christen sind und der mennonitischen Brüdergemeinde in Lemgo angehören. Eine Abtreibung können sie mit ihrem Glauben nicht vereinbaren. Lea und Tabea seien am Kopf zusammengewachsen. Sie könnten nur liegen und sind jetzt zusammen schon über einen Meter lang. Das könne auf Dauer so nicht bleiben, und deshalb denken die Eltern über eine operative Trennung nach. Ob die Krankenkasse diese Operation bezahlt, sei vollkommen offen. Außerdem kämen erhebliche Zusatzkosten auf sie zu. Über die Klinik hätten bereits einige Boulevardzeitungen angefragt, ob sie über die Kinder berichten und Bilder zeigen könnten. Nelly und Peter wollten auf solche Anfragen eigentlich nicht reagieren. Doch ihre schwierige Lage, die vorher auch niemand bis ins Letzte abschätzen konnte, lässt ihnen kaum eine andere Wahl.

Kannst du den Eltern nicht helfen, fragte mich Helmut Matthies auf den Kopf zu. Ich konnte die ganze Situation in dem Moment gar nicht einschätzen und bat um Bedenkzeit. Ging es ihm darum, diese kleine Familie zu unterstützen? Den beiden Mädchen, im wahrsten Sinne des Wortes *auf die Beine* zu helfen? War das nur eine journalistische Geschichte? Vielleicht sogar eine für das Programm von Bibel TV?

Eine Mutter bringt siamesische Zwillinge zur Welt, weil

Abtreibung ihrer Ansicht nach Mord ist. Ein solcher Fall ist äußerst selten. Bibel TV könnte diese Geschichte exklusiv verbreiten und damit auch selbst bekannter werden. So gesehen, schien mir die Sache auch reizvoll. Davon könnten nicht nur die Eltern profitieren, sondern auch der kleine Sender Bibel TV würde seinen Nutzen daraus ziehen.

Doch zugleich kommen mir Zweifel. Macht sich der Sender mit einer solchen Sensationsgeschichte nicht unglaubwürdig? Wie war der Anruf von meinem Freund Helmut Matthies überhaupt gemeint? Ihm ging es doch nicht um eine besondere journalistische Geschichte, sondern er bat mich schlicht um Hilfe.

Nachdem er mir die Telefonnummer eines Bekannten der Familie Block geben hatte, war ich zunächst mit diesen Informationen allein.

Einige Tage habe ich mich immer wieder an dieses Telefonat erinnert und diese Gedanken mit mir herumgetragen. Mit einem mulmigen Gefühl im Bauch rief ich den Freund der Familie an. Es wäre gut, so sagt er mir, wenn Sie Nelly und Peter einmal persönlich kennen lernen. Im Anschluss an unser Gespräch schickt er mir eine E-Mail: ... *für Ihre Bereitschaft, sich über die Pressestrategie der Familie Block Gedanken zu machen, danke ich Ihnen.*

Trotz allem konnte ich mich nicht gleich entschließen, nach Lemgo zu fahren. Irgendwie wollte ich die erste Begegnung mit der Familie so lange es geht vor mir herschieben. Wie groß würde die Belastung sein, die zusätzlich auf mich zukommt? Wie würden die Eltern auf mich reagieren? Würden sie mich als aufdringlich empfinden oder als Eindringling?

Um mir Rat zu holen, sprach ich mit meiner Frau und einer Reihe von Freunden und Kollegen. *Das wird schwierig – für dich und alle Beteiligten,* sagte mir jemand. Das wusste ich selbst. *Ich würde erst einmal eine richtige Abtreibungsgeschichte schreiben,* war eine andere Reaktion. Das half mir nicht wirklich weiter. Eher im Gegenteil.

Mit drei Pfarrern habe ich gesprochen. Sicher auch, weil ich für das, was möglicherweise in der nächsten Zeit auf mich zukommt, vorsorglich so etwas wie seelsorgerlichen Beistand suchte. *Meine Frau hätte die Kinder nicht bekommen,* sagte der eine. Auch hier kam ich nicht weiter. Es war ein außergewöhnlicher Fall, für den es kein Verhaltensmuster gab.

Langsam begreife ich, dass ich diese Sache nicht als Journalist betrachten und angehen kann. Ich konnte kein Berichterstatter sein. Bibel TV musste auch komplett außen vor bleiben. Es war nicht *mein* Fall. Keine Grundlage für einen Sensationsbericht. Meine Rolle musste eine andere sein. Ich kann nur eines tun: Für die Familie Kontakte herstellen, einiges auf die Beine stellen und organisieren.

Als ich am 24. Februar 2004 gegen 13 Uhr mit dem Zug in Lemgo ankomme, zittern mir die Knie, erzählt Henning Röhl weiter. Peter holt mich vom Bahnhof ab, und ich merke, dass ihm genau so unwohl ist wie mir. Was mag er wohl bei dieser ersten Begegnung gedacht haben? Wir sind uns fremd und werden trotzdem gleich über sehr private Dinge miteinander sprechen.

Wir sprechen anfangs nur wenig über die Kinder. Im Moment würden sie schlafen. Das Gespräch zieht sich hin. Die Befangenheit ist längst noch nicht gewichen – auf beiden Seiten nicht. Dann bringt Peters Mutter die beiden Mädchen zur Tür herein. Sie liegen auf einem speziell für sie angefertigten Rollwagen, der in der Mitte erhöht ist. Auf ihm liegen die beiden Köpfe. Lea und Tabea sind besonders hübsch angezogen. Sie wirken noch ein wenig verschlafen, das gibt sich aber, als Mutter und Vater ihnen die Flasche geben.

Als Peter mich am späten Nachmittag wieder zum Bahnhof bringt, ist mir wohler als noch einige Stunden vorher. Aber ganz sicher und von dieser Sache überzeugt bin ich immer noch nicht. Es war für mich nicht einfach, ein persönliches Verhältnis zu Nelly und Peter zu bekommen. Sie kümmern sich aufopfernd um ihre beiden Mädchen. Aber sie machen den Eindruck, als hätten sie wenig Verständnis für das, was außerhalb ihres Umfeldes geschieht.

Zwei Tage später, als ich wieder zu Hause bin und noch einmal über alles geschlafen habe, schreibe ich Nelly und Peter einen Brief. Ich will für beide Seiten festhalten, worüber wir gesprochen haben und schlage vor, einen Vertrag zu schließen, damit es in Zukunft keine Probleme gibt: *Ich war sehr beeindruckt von Ihrer Stärke und Zuversicht. Mir wurde sehr deutlich, dass diese Haltung und Ihr Gottvertrauen Ihnen die Kraft gibt, die schwierige Lebenssituation ihrer beiden Töchter zu meistern. Wie verabredet, möchte ich im Folgenden einige, mir wesentlich erscheinende Punkte unseres Gesprächs zusammenfassen.*

Da es auf Dauer sehr schwer sein wird, Ihre Zwillinge vor der Öffentlichkeit abzuschirmen, hatten Sie mich um ein Informationsgespräch gebeten. Bevor Ihre Kinder ... zum Objekt von ... Sensationsjournalisten werden und die Be-

richterstattung außer Kontrolle gerät, hielten auch Sie es für sinnvoll, gezielt und mit ausgewählter Berichterstattung an die Öffentlichkeit zu gehen. So behalten Sie weitgehend die Kontrolle über das, was gezeigt wird. Die Vergabe einer Exklusivberichterstattung hat zudem den Vorteil, dass man sich die Medien aussuchen kann ... Sie bekräftigten, es gehe Ihnen auf keinen Fall darum, aus Ihrem Familienschicksal in irgendeiner Weise Kapital zu schlagen. Sie wissen jedoch: Es werden in Zukunft sehr hohe Kosten auf Sie zukommen. Mit Ihrem Gang in die Öffentlichkeit wird es möglich sein, einen Teil der Kosten abzufangen.

Ich rate Ihnen in jedem Fall, sich Pressegesprächen, Interviews und Fototerminen nicht allein zu stellen. Ein journalistischer Betreuer mit Erfahrung im Umgang mit Medien, der Sie zu Terminen begleitet ... und an den Sie sich jederzeit mit Rückfragen wenden können, erschien uns in unserem Gespräch sehr sinnvoll zu sein. Seine Aufgabe wäre es auch, Kontakte zu Zeitungen, Zeitschriften und Fernsehanstalten herzustellen. ...

Wir hatten auch darüber gesprochen, dass es notwendig sein wird, mit bestimmten Medien Exklusivverträge abzuschließen. ... Diese Medien sollten das alleinige Recht zur Berichterstattung eingeräumt bekommen. Als Zeitschriften hatten wir den „STERN" oder „Bunte/Focus" oder die Verlagsgruppe „Gong" ins Auge gefasst. Ein Vertrag mit „BILD" wäre Ihnen nicht recht. Als Fernsehanstalten kämen entweder das öffentlich-rechtliche Fernsehen (ARD oder ZDF) oder ein privater Sender wie RTL oder Sat.1 in Frage. Falls der STERN in die Berichterstattung einsteigt, böte sich auch STERN TV an, das von Günther Jauch moderiert und auf

RTL gesendet wird. Die endgültige Auswahl der Medien sollte – wie gesagt – späteren Verhandlungen überlassen werden. Oberste Priorität hat für Sie, eine Sensationsberichterstattung so weit wie möglich zu vermeiden. Als vordringlichste Aufgabe hatten Sie die Beschaffung eines großen Wagens genannt. Sie sprachen von einem Mercedes oder – was Sie bevorzugen – einem VW-Multivan.

Ich habe Sie am vergangenen Dienstag kennen gelernt und mir die Sache noch einmal gründlich durch den Kopf gehen lassen. ... Voraussetzung für meine Zusage, Sie in den nächsten Wochen und Monaten zu begleiten ist, dass auch auf Ihrer Seite Zutrauen und Vertrauen besteht. Sie sollten sich die Sache also gründlich überlegen.

So weit das Zitat aus dem Brief von Henning Röhl an die Familie.

Röhls Bericht beeindruckt mich sehr und sensibilisiert mich für das Gespräch mit Nelly und Peter. Auch für ihn schließt sich heute ein großer Kreis. Vor genau einem Jahr saßen Nelly, Peter und er in genau diesem Zimmer – das erste Mal. Heute wird es eines der letzten Male sein. Trotzdem herrscht keine Abschiedsstimmung, denn beide Seiten wollen miteinander in Verbindung bleiben. Er habe, so erzählt er mir hinterher, Nelly und Peter im ganzen vergangenen Jahr nicht so locker und ungezwungen erlebt, wie bei diesem Gespräch.

Die Geschichte –
Ein neugieriges und lebensfrohes Duo

Im STERN sehe ich zum ersten Mal ein Foto von Lea und Tabea. Vier kleine blaue Augen schauen mich erwartungsvoll und neugierig an. Jeweils darunter zwei kleine Stupsnäschen. Lea steckt zwei Finger ihrer rechten Hand in den Mund. Die beiden Mädchen sind knapp ein dreiviertel Jahr alt und richtig goldig, zum Kuscheln und Verlieben. Ich möchte sie gern auf den Arm nehmen und freue mich für die Eltern.

Erst auf den zweiten Blick fällt mir auf, dass diese beiden fröhlichen und strahlenden Wesen zusammengewachsen sind. An der Schädeldecke. Beklemmung und Betroffenheit machen sich in mir breit. Ich halte die Luft an. Was das wohl für die Kinder und ihre Eltern bedeutet? Ist die Natur von ihrer sonst üblichen Norm abgewichen? Zwei Kinder auf einen Schlag ist nichts Außergewöhnliches, die Geschichte vom *Doppelten Lottchen* kennt schließlich jeder. Aber zwei, die so eng miteinander verbunden sind? Die Bilder der beiden Iranerinnen Ladan und Laleh Bijani gehen mir durch den Kopf.

Wie es mir wohl ginge, wenn ich die Kinder leibhaftig vor mir sehe? Die Eltern würden mir meine Unsicherheit und Beklemmung sicherlich anmerken. *Das ging uns auch so, als wir die beiden Kleinen zum ersten Mal gesehen haben. Das muss Ihnen nicht unangenehm sein,* sagt Großvater Jakob Block zu Henning Röhl, als dieser irritiert und unsicher auf den Spezialwagen der beiden Mädchen schaut.

Nelly und Peter dagegen betonen immer wieder, dass sie ihre beiden Mädchen von Anfang an „annehmen" konnten. *Mein erster Gedanke war: Das sind unsere,* sagt Nelly dem STERN, *... ich hatte keine Sekunde das Gefühl, sie nicht annehmen zu können.* Die beiden Mädchen werden von ihrer Familie akzeptiert und geliebt. Ihre Eltern sind glücklich, sie zu haben.

Als sich Nelly und Peter mit ihren Kindern am Pfingstsonntag 2004 auf dem Frankfurter Flughafen vor dem Flug in die USA verabschieden, sind über 40 Freunde und Familienmitglieder dabei. Sie bleiben unter sich in einem Raum der Flughafenklinik ohne Fotografen und Journalisten. Sie beten gemeinsam und alle küssen Lea, Tabea und ihre Eltern zum Abschied.

Ladan und Laleh aus dem Iran hatten nicht dieses Glück, von ihrer Familie akzeptiert zu sein. Ihre Eltern haben sie ihrem Schicksal überlassen, bis sie schließlich in einer Adoptivfamilie unterkamen.

Mitte Januar 2003 kündigt sich bei Nelly und Peter Nachwuchs an. Das Paar ist gerade mal drei Monate verheiratet. Nelly ist in der siebenten Woche schwanger, als sie die Nachricht von ihrer Ärztin erhält. Sie ist Grundschullehrerin und hatte ihr Referendariat vor kurzem beendet. Peter arbeitet als kaufmännischer Angestellter. Ein Kind haben beide zwar nicht geplant, aber es ist auf jeden Fall gewünscht und herzlich willkommen. Zwei Wochen später ist auf dem Ultraschallbild noch ein zweites kleines Wesen zu sehen. Die Freude der werdenden Eltern ist doppelt groß. Es werden Zwillinge. Damit hätte niemand gerechnet. Bei der nächsten Ultraschalluntersuchung eine Woche später scheint irgend etwas nicht zu stimmen. Es ist nur eine Vermutung, aber es könnten unter Umständen siamesische Zwillinge sein. Die beiden kleinen Wesen liegen so eng beieinander, das man sie optisch nicht voneinander trennen kann. Sicher ist zu diesem Zeitpunkt jedoch nichts.

Was denkt eine werdende Mutter in diesem Moment? Kann man in einer solchen Situation überhaupt irgend etwas denken, oder sitzen die Fassungslosigkeit und der Schock dafür zu tief? Flüchtet sie sich in die Hoffnung, dass sich die Gynäkologin irrt? Kann sie zu diesem Zeitpunkt überhaupt fassen und begreifen, was sie eben gesagt bekam? Klammert sie sich an die Hoffnung, Untersuchungen mit einem genaueren Ultraschallgerät würden diesen Befund nicht bestätigen? So sehr sie es auch gehofft haben mag – und viele aus der Familie und dem Freundeskreis mit ihr – diese Hoffnung wurde zerschlagen. Denn sie hört, was sie nicht hören will: Es sind eineiige Zwillinge in einer Fruchthöhle, die am Kopf miteinander verwachsen sind. In Nellys Bauch wachsen also tatsächlich Kinder, die nach den derzeitig gängigen gesellschaftlichen und medizinischen Vorstellungen eine körperliche Fehlbildung haben.

Bei Untersuchungen in Münster sieht Nelly das erste Mal selbst, dass die Köpfe zusammenhängen. Keiner der Ärzte kann zu diesem Zeitpunkt jedoch Genaueres sagen. Sind die

Gehirne miteinander verwachsen, die Kinder überhaupt lebensfähig? Ist eine operative Trennung möglich? Selbst wenn, ist sie hoch riskant und ihr Ausgang äußerst ungewiss – das weiß man ziemlich genau. Eine Hirnschädigung und geistige Schädigungen sind keinesfalls ausgeschlossen. Eine schwierige Situation. Wie hätte ich wohl auf diese Diagnose reagiert? Wahrscheinlich hätte ich erst einmal gar nicht gewusst, was ich sagen soll.

Abgesehen von diesem Schock verläuft die Schwangerschaft nahezu unproblematisch. Nelly geht nicht viel öfter zum Arzt als andere Schwangere auch und arbeitet bis vier Wochen vor Beginn ihrer Mutterschutzzeit. Sie verzichtet auf die Fruchtwasseruntersuchung, die ihr die Ärzte in Münster anbieten. Ihre Entscheidung, diese beiden kleinen Wesen in ihrem Bauch auszutragen, stand sowieso lange fest.

In der 33. Schwangerschaftswoche geht Nelly auf Rat der Ärzte in die Klinik. Am 9. August 2004 kommen die beiden Mädchen per Kaiserschnitt auf die Welt. Erst Tabea, dann Lea. Peter ist bei der Geburt dabei. Die beiden Babys sind vier Wochen vor dem errechneten Termin da und wiegen zusammen über acht Pfund.

Siamesische Zwillinge –
ein „faszinierendes" Phänomen

Siamesische Zwillinge sind eineiige Zwillinge, bei denen die Körper an einer Stelle miteinander verwachsen sind. Im ungünstigsten Fall teilen sie sich beide zusätzlich ein oder mehrere lebenswichtige Organe. Diese Art der Verwachsung wird als Fehlbildung oder Doppelmissbildung bezeichnet.

Ein siamesisches Zwillingspärchen ist äußerst selten, denn nur bei durchschnittlich jeder 150.000. Schwangerschaft kommt eine solche Fehlbildung vor. Nur wenige dieser Zwillingspaare sind lebensfähig. Die meisten von ihnen sterben noch im Mutterleib – sodass statistisch gesehen bei jeder millionsten Geburt ein überlebensfähiges siamesisches Zwillingspaar zur Welt kommt. Zwei Drittel davon sind unerklärlicherweise weiblich.

Für die, die tatsächlich geboren werden, ist das Leben sehr kurz. Sie sterben meist in den ersten Lebensmonaten oder im ersten Lebensjahr. Dass Lea und Tabea trotz ihrer Verwachsung kerngesund waren und zusammen möglicherweise sehr alt geworden wären, macht ihren Fall besonders bemerkenswert.

Wie es wirklich zu dieser Fehlbildung kommt, ist noch nicht bis ins Letzte erforscht und bleibt auch für Mediziner ein Geheimnis. Wahrscheinlich hat eine Spaltung der befruchteten Eizelle in zwei erb- und geschlechtsgleiche Hälften nicht vollständig stattgefunden. Beide Hälften konnten sich nicht ganz voneinander lösen, sondern sind miteinander „verwachsen" geblieben. Also sind siamesische Zwillinge keine zusammengewachsenen, sondern streng genommen „nichtauseinandergewachsene" Zwillinge und deshalb immer gleichgeschlechtlich. Dieser Form der Fehlbildung kann man nicht vorbeugen, sie wird aber auch nicht vererbt.

Die einzige Form der Therapie besteht in der chirurgischen Trennung der beiden Menschen. Das setzt jedoch voraus, dass alle lebensnotwenigen Organe zweifach vorhanden sind. Die beste Alternative ist eine Trennung jedoch nicht immer. So zum Beispiel, wenn einer für den anderen geopfert werden müsste.

Die erste Trennungsoperation an siamesischen Zwillingen wurde 1952 im Mount Sinai Hospital von Cleveland im US-Bundesstaat Ohio vorgenommen. Eines der beiden Kinder überlebte. Ladan und Laleh Bijani, die beiden 29-jährigen Frauen aus dem Iran, waren die ersten Zwillinge, die im Erwachsenenalter operiert wurden. Und zwar 2003, also gut 50 Jahre später, am Raffles-Hospital in Singapur von einem 28köpfigen Ärzteteam unter der Leitung des Neurochirurgen Keith Goth. Mit dabei und mitverantwortlich war auch Dr. Benjamin Carson vom Johns Hopkins Hospital in Baltimore.

Dieser Fehlbildung ihren Namen geben Chang und Eng Bunkes. Beide waren vom Brustbein bis zum Nabel miteinander verwachsen und wurden 1811 in Siam, dem heutigen Thailand, geboren. Ein englischer Kapitän entdeckte die beiden und vermarktete sie regelrecht. Er brachte sie in die USA, ließ sie auf Jahrmärkten auftreten und stellte sie im Zirkus zur Schau. Bald waren sie eine Sensation. Chang und Eng heirateten die Töchter eines Pfarrers und hatten insgesamt 22 gesunde Kinder. Auch viele Generationen später trat diese Missbildung in ihren Familien nicht mehr auf. Im Alter von 63 Jahren starben Chang und Eng. Sie sind bis heute die siamesischen Zwillinge, die am ältesten wurden.

Es gibt vier verschiedene Arten siamesischer Zwillinge. Sie sind jeweils nach der Stelle benannt, an der beide Körper miteinander verwachsen sind: Am *Brustkorb* (Thoracopagus), diese Verwachsung tritt am häufigsten auf, am *Bauch* (Omphalopagus), am *Steiß* (Pygopagus) und am *Kopf* (Craniopagus). Nur bei 2% aller siamesischen Zwillingspaare findet sich die Verwachsungen am Kopf. So wird ein Zwillingspaar wie Lea und Tabea mit einer Wahrscheinlichkeit von nur 1:2,5 Millionen geboren. Manchmal teilen sich beide nur Fleisch und Haut. Die Körper können aber auch fast vollständig verschmelzen und so zu grotesken Missbildungen führen.

Traurige Berühmtheit erlangen Mascha und Dascha. Sie werden 1950 in der Sowjetunion geboren und sind an der Hüfte zusammengewachsen. Da sie nicht in das damalige kommunistische Gesellschaftssystem und Menschenbild passen, werden sie in das Labor des führenden Physiologen und Hirnforschers Pjotr Anochin eingeliefert. Er nimmt an ihnen grauenvolle Experimente vor. Erst nach dem Zusammenbruch der Sowjetunion beginnen sie ein einigermaßen selbstbestimmtes Leben. Sie verfallen dem Alkohol und sterben im April 2003. Ein Versuch, sie zu trennen, wird nie unternommen.

Die ersten Abbildungen und Marmorstatuen, die verwachsene Zwillingspaare zeigen, sind ungefähr achttausend Jahre alt. Sie wurden in Anatolien, einem Teil der heutigen

Türkei, gefunden. Auch Felszeichnungen in Australien, Skulpturen von pazifischen Inseln und eine Keramik aus Peru belegen sehr eindrücklich, dass sich Menschen der Antike mit dieser seltenen und besonderen Erscheinung auseinander gesetzt haben.

Am bekanntesten ist die Abbildung des *Janus* in der römischen Mythologie. Er hat zwei Köpfe, die in entgegengesetzte Richtungen blicken. Janus ist der Gott aller Gegensätze und im übertragenen Sinn der Gott des Anfangs und des Endes. Deshalb wurde der erste Monat des Jahres nach ihm benannt, da wir im Januar gleichermaßen nach vorn und zurück blicken.

Naturvölker und antike Denker hatten sehr unterschiedliche Meinungen über siamesische Zwillinge. Da ihr medizinisches Wissen nur sehr begrenzt war, glaubten sie, dass die Geburt verwachsener Kinder eine übernatürliche Ursache habe. Eines der beiden Neugeborenen sei – wie jeder Säugling auch – menschlicher Abstammung, das andere könne dann nur göttlicher Herkunft sein. Deshalb wurden siamesischen Zwillingen magische Fähigkeiten zugesprochen, und man verehrte sie wie einen Gott. Im ungünstigeren Fall wurde die Geburt eines solchen Zwillingspaares auf Grund ihrer seltenen Gestalt als dämonisch empfunden. Mutter und Kinder wurden dann sicherheitshalber getötet.

Im christlichen Mittelalter wurden Säuglinge mit Verwachsungen als Folge einer sündhaften Tat angesehen. Man glaubte, sie seien die Frucht aus der Verbindung mit dem Teufel. Um andere Frauen vor dem gleichen Schicksal zu bewahren, verbrannte man ihre Mütter als Hexen auf dem Scheiterhaufen und tötete zum Teil auch die Kinder. Die

Leichname wurden auf Jahrmärkte gebracht und von Sensationslustigen begafft. Noch lebende Kinder mussten als einmalige Erscheinung öffentlich auftreten. Um die Andersartigkeit fehlgebildeter Kinder deutlich zu machen, bezeichnete man sie als *Monster* und sah sie damit nicht als Menschen an.

Der Kirchenvater Augustin hat um die Wende zum 5. Jahrhundert nach Christus auch Fehlgeburten zur Schöpfung Gottes gezählt. Thomas von Aquin, der bedeutendste Kirchenlehrer des Mittelalters, bezeichnete missgebildete Kinder als Wundergeburten und sagte: *Monster* seien an der Ordnung der Dinge vorbeigeschaffen. Denn Gott sei die Erstursache und die geschaffenen Dinge die Zweitursache. Gott sei der Zweitursache nicht unterworfen und könne auch Ordnungen schaffen, die nicht an die Zweitursache heranreichen. Er kann also an der von ihm geschaffenen Ordnung vorbei handeln.

Immer zu zweit –
Ein Leben als siamesischer Zwilling

Lea ist sportlich und forsch. Tabea eher neugierig und mutig. Lea ist kraftvoll, ein Powerpaket. Tabea dagegen eher *eine faule Socke*, wie ihr Vater in einem Interview mit dem STERN sagt. Sie schläft mehr, kann aber auch sehr laut und energisch schreien, wenn sie etwas will. *Sie gibt den Ton an*, sagt Nelly. Beide Mädchen schlafen nicht immer gleichzeitig und sind auch nicht zur gleichen Zeit krank. Lea und Tabea haben jeweils ihr eigenes Temperament. Obwohl sie am

Kopf miteinander verbunden sind, hat nach den Worten ihrer Mutter jede von ihnen *ihren eigenen Kopf* – was ihren Charakter angeht. Sie sind zwei unterschiedliche kleine Persönlichkeiten.

Lea und Tabea sind so miteinander verwachsen, dass ein Mädchen das Spiegelbild des anderen sein könnte. Beide verbringen jede Sekunde ihres Lebens gemeinsam. Von Anfang an. Sie sind sich so nahe, wie man sonst keinem Menschen nahe sein kann. Und doch können sie sich nicht sehen. Sie können sich nur hören und fühlen. Die eine fasst gelegentlich nach dem Ohr der anderen. Die Kinder sind damit zufrieden. Sie kennen es nicht anders. *Sie stört es nicht, dass da jemand ist,* sagt ihre Mutter in einem Interview mit STERN TV. Und deshalb wehren sie sich auch nicht gegen ihre Situation.

Weil die beiden Mädchen immer liegen müssen und die Welt nicht selbst erkunden können, müssen sie mehr als andere Kinder beschäftigt und unterhalten werden. Ihre Eltern reden und spielen viel mit ihnen. Peter nimmt sie auf den Arm und spielt mit dem Rollenwagen im Wohnzimmer „Karussellfahren". Was andere Mädchen und Jungen in ihrem Alter tun können, darauf müssen Lea und Tabea verzichten: Auf dem Boden krabbeln, mit Hilfe ihrer Eltern die ersten Schritte gehen, sitzen oder sich selbstständig umdrehen.

Eigene Wege gehen und unabhängig von anderen sein, wird heutzutage ganz groß geschrieben. Doch das werden Lea und Tabea so nicht erleben können, wenn man nicht den Versuch unternimmt, sie zu trennen. Beide müssen sich immer darauf verständigen, wohin sie gehen wollen – im wörtlichen und im bildlichen Sinn – und sich immer aufeinander abstimmen.

Mal ein paar Minuten völlig allein sein, können Lea, Tabea und andere siamesische Zwillinge wie sie nicht. Nach einem Streit können sie nicht in zwei verschiedene Richtungen verschwinden. So etwas wie Intimsphäre erleben Lea und Tabea nicht. Allein sein bedeutet für sie, zu zweit allein sein. Vielleicht erleben sie so etwas wie eine eingeschränkte Intimsphäre. Keinesfalls mehr. Ihr einziger Fluchtpunkt ist ihre Fantasie und ihre Traumwelt.

Es fällt mir schwer, das zu verstehen. Können wir es überhaupt verstehen? Kann man die gängige Definition von Intimsphäre überhaupt hier anwenden? Vielleicht erleben siamesische Zwillinge ja auch eine Form von Intimität, die nur sie so empfinden und die wir uns nicht vorstellen können.

Mit ihren Kindern im Park spazieren oder shoppen gehen und in einem Café sitzen, kann Nelly nicht ohne Weiteres. Zu groß ist ihre Angst vor den neugierigen und fragenden Blicken der Passanten. Sie hat Angst vor den Köpfen, die sich wie von selbst nach ihr und den Mädchen umdrehen. *Wir hätten nichts dagegen, wenn wir ganz normal auf der Straße gehen könnten ohne die Blicke,* sagen beide in unserem Gespräch. Nelly will ihre Kinder schützen. Lea und Tabea sollen nicht zur Sensation werden – wie einige andere siamesische Zwillingspaare in der Vergangenheit. Fremde Menschen sollen sie nicht mit geöffnetem Mund und weit aufgerissenen Augen anstarren. Sie sollen nicht mit dem Finger auf die Mädchen zeigen. Denn wer anders ist, wird auch heute begafft. Der Lemgoer Kinderarzt kommt zur

Familie Block ins Haus, wenn er Lea und Tabea behandelt. Oder die Eltern bringen sie abends, nach Geschäftsschluss unter einer Decke in seine Praxis in der Innenstadt.

Die Familie zieht deshalb auch zu Peters Eltern, weil sie etwas abgelegen wohnen. Die nächsten Nachbarn leben weiter entfernt. Eine hohe Hecke bietet Sichtschutz auf das Haus. Nelly verlässt das Haus mit den Kindern nur selten, die sozialen Kontakte der Familie schränken sich nach und nach ein. Ganze acht Monate können sie das Schicksal ihrer Kinder vor der Öffentlichkeit verborgen halten.

Abtreiben oder Ja zum Leben sagen

Nelly und Peter müssen sich hin und wieder den Vorwurf gefallen lassen, sie hätten verantwortungslos gehandelt, weil sie sich für das Leben ihrer Kinder entschieden haben. Einen STERN Leser überkommt *tiefe Wut ob ... ihrer Verantwortungslosigkeit*. Nelly sagt: *Für mich ist eine Behinderung bei meinem Kind eine kleinere Zumutung als die seelische Belastung nach einer Abtreibung.*

Deshalb wird als Begründung für den Vorwurf der Verantwortungslosigkeit oft angeführt, dass die Eltern bei ihrer Entscheidung, die Kinder auf die Welt zu bringen, nur an sich dachten.

Das ist nicht die einzige Äußerung in dieser Richtung, die mich trifft, obwohl ich gar nicht gemeint bin. Ich hoffe, dass ich das nicht irgendwann einmal so oder so ähnlich gesagt bekomme.

Kann man den Eltern von Lea und Tabea wirklich vorwerfen, sie hätten verantwortungslos gehandelt? Hat es nur mit Verantwortung zu tun, wenn sie das von Gott geschenkte Leben erhalten? Wenn sich Nelly und Peter für ihre beiden Mädchen entscheiden, hat das für mich erst einmal etwas mit Liebe zu tun. Mit der Liebe zu Lea und Tabea und mit der Liebe und der Kraft, die Gott ihnen gibt, diese Kinder anzunehmen und für sie zu sorgen. Aus dieser Liebe folgt selbstverständlich Verantwortung. Aber ohne diese Liebe ist die Verantwortung nicht möglich. Wieso kann es dann verantwortungslos sein, das Leben zu erhalten, das diesen Kindern geschenkt wird?

Nelly antwortet in einem Interview mit dem STERN: *Es wäre für uns doch viel einfacher gewesen, ohne die Kinder zu leben. Ich kann den Leuten, die so darüber urteilen, nur wünschen, dass sie nie in solch eine Lage kommen.*

Chefredakteur Thomas Osterkorn schreibt zum Auftakt der Berichterstattung über Lea und Tabea im Editorial des STERN: *Natürlich war nach dem ärztlichen Befund rasch das Wort Abtreibung gefallen. Es gibt viele Menschen, die in so einer Situation nicht lange überlegt hätten. Aber wer unsere Geschichte liest, wird verstehen, warum Nelly und Peter sich dagegen entschieden haben.*

Die behandelnden Ärzte in Lemgo und in der Universitätsklinik Münster drängen die werdenden Eltern nicht, doch es fällt auch das Wort Schwangerschaftsabbruch. Die Gesetzgebung der Bundesrepublik erlaubt unter bestimmten Bedingungen einen Abbruch, *um die Gefahr einer schwerwiegenden Beeinträchtigung des körperlichen und seelischen Gesundheitszustandes der Schwangeren abzuwenden* (§218a

Abs. 2 Strafgesetzbuch). Die körperliche und die seelische Belastung ist bei siamesischen Zwillingen enorm hoch. Deshalb haben Nelly und Peter die Möglichkeit, sich gegen das Leben der ungeborenen Kinder zu entscheiden. Sie sind auch nicht an die Zwölf-Wochen-Regel gebunden und könnten einen solchen Eingriff auch in einem Stadium vornehmen lassen, in dem die Kinder bereits lebensfähig sind. Also zu einer Zeit, in der andere Frühchen im selben Entwicklungsstadium intensivmedizinisch betreut werden.

Bezeichnender Weise meinen auch einige Außenstehende, dass es wohl besser wäre, die Kinder nicht auf die Welt zu bringen. Sie sagen das auch dann noch, als die beiden Mädchen längst geboren waren. In schier unzähligen Briefen und E-Mails melden sich Menschen bei dieser Diskussion zu Wort. Ich habe diese Diskussion verfolgt, aber keinen Brief geschrieben. Denn ich will nicht, dass mir jemand solche Briefe schreibt. Ich kann nicht über eine Entscheidung von Menschen urteilen, die mir fremd sind. Ich empfinde es als anmaßend, wenn ich entscheide, dass das Leben zweier ungeborener Menschen es nicht wert sein soll, gelebt zu werden, obwohl ich nicht von der Situation betroffen bin. Kurz: Ich will nicht über Leben und Tod entscheiden müssen.

Die Argumente der Abtreibungsbefürworter waren sehr unterschiedlich, zum Teil für mich auch nachvollziehbar: Den Kindern blieben viele Schmerzen und viel Leid erspart. Man könne sie vor einem Leben bewahren, das von Anfang an mit großen Einschränkungen und Behinderungen verbunden ist. Ob und wie ein sinnvolles Leben der Kinder möglich sei, könne niemand sagen. Wer die Operationskosten trägt, ist ebenfalls ungewiss. Möglicherweise gar die Allgemeinheit?! Unmöglich! Und weil die Eltern noch recht jung sind, können sie noch etliche gesunde Kinder bekommen. Die Chancen dazu stehen jedenfalls mehr als gut.

Sind das wirklich Argumente? Wahrscheinlich spielen in dieser Diskussion die Medien und die öffentliche Meinung eine große Rolle. Sie suggerieren ein gewisses Recht auf ein gesundes Kind, das genauso selbstverständlich zu sein scheint wie ein schönes Haus oder ein tolles Auto.

Ist die Abtreibung von Nellys und Peters Kindern vielleicht besser zu verstehen als die von Kindern, die eine leichtere Form der Behinderung oder Fehlbildung haben? Als mir dieser Gedanke kommt, erschrecke ich. Kann man diese Frage überhaupt so stellen? Vor allem: Kein Außenstehender hat das Recht, hier ein Urteil über andere zu fällen. Wenn überhaupt jemand eine solche Aussage treffen kann, dann nur die direkt Betroffenen – die Eltern. Denn sie müssen mit dem Zustand ihrer Kinder wie auch immer zurechtkommen. Da die Mädchen sonst vollkommen gesund waren, kann man kaum eine Gegenrechnung aufmachen!

Spricht man Menschen mit Behinderungen nicht auch das Leben ab, wenn man Kinder mit vergleichbaren Behinderungen abtreibt?

Ist Abtreibung Mord? Die Antwort auf diese Frage hängt wesentlich damit zusammen, wann das Leben eines Menschen beginnt. Darüber streiten Ärzte und Ethikkommissionen häufig und kontrovers. Die einen machen den Beginn des Lebens an der Befruchtung fest, die anderen an den ersten Herztönen des Fötus. Abtreibungsgegner sprechen davon, dass der Embryo von Anfang an ein Mensch ist. Dann wäre ein Schwangerschaftsabbruch in der Tat Mord. Eine knappe Mehrheit der Anthropologen und Mediziner geht davon aus, dass der Embryo sich erst zu einem Menschen entwickelt.

Dass betroffene Frauen das vorzeitige Beenden ihrer Schwangerschaft als *Seelenmord* empfinden können, beschreibt eine Mutter: *Ich habe vor 14 Jahren zwei Mal abgetrieben und erst viel später mit 35 Jahren eine Tochter zur Welt gebracht. Für mich das schönste Geschenk. Heute weiß und fühle ich umso stärker, dass Abtreibung tatsächlich (Seelen-)Mord ist. Das war mir früher nicht bewusst, und ich habe – mit 10 Jahren Verspätung – längere Zeit darunter gelitten.*

Die Diskussion um das Leben oder Sterben von fehlgebildeten Kindern ist zwar sehr wichtig, gleichzeitig aber auch sehr jung und aktuell. In vielen Kulturen und fast allen Epochen der Menschheitsgeschichte wurde darüber nicht debattiert. Schwache oder kranke Säuglinge ließ man nach ihrer Geburt einfach liegen oder setzte sie aus. Das gleiche Schicksal erlebten gesunde Neugeborene, die der Stamm nicht angemessen versorgen konnte. Behinderte Kinder werden häufig ihrem Schicksal überlassen. Neben diesen wirtschaftlichen Gründen spielten auch soziale oder religiöse Motive eine Rolle, diese Kinder nicht groß zu ziehen.

Unser heutiger hoher ethischer Anspruch hat biblische Wurzeln. Die Zehn Gebote schützen mit ihrer Forderung *Du sollst nicht morden* auch das ungeborene Leben. Das fünfte Gebot mahnt, unschuldiges Blut nicht zu vergießen, und damit nicht über das Leben eines anderen zu verfügen.

Dahinter steht der Gedanke, dass Gott der Schöpfer allen Lebens ist. Er allein kann Leben schenken. Wir Menschen – die Geschöpfe – sind dazu nicht in der Lage. Deshalb können wir auch nicht das Leben beenden wollen, das wir uns selbst nicht geschenkt und geschaffen haben.

Der Erwachsenenkatechismus der Vereinigten Evangelisch-Lutherischen Kirchen Deutschlands schreibt in diesem Zusammenhang, dass die Selbstverwirklichung jedes Menschen zu Ende sei, wenn er damit das Leben eines anderen in Gefahr bringe. Das gilt auch für werdende Mütter. Jedes ungeborene Kind ist zwar ein Teil ihres Lebens, aber es ist nicht ihr eigenes.

Das fünfte Gebot wird im Gegensatz zu den anderen Geboten nicht begründet. Es gehört zu denen, die keinerlei Widerspruch zulassen. Und es gilt nicht nur für ganz bestimmte Konflikte und Einzelfälle, sondern es beschreibt eine allgemeingültige Haltung für das menschliche Leben. Das Neue Testament erkennt dieses Gebot als verbindlich an. Und auf die Frage, welches Gebot man halten soll, nennt Jesus das fünfte als erstes (Matthäusevangelium 19, 17f.).

Gottes Liebe gilt uneingeschränkt allen Wesen, auch dann, wenn wir sie nicht (mehr) haben wollen! Das bedeutet: Wir haben – im Gehorsam gegenüber unserem Schöpfer – die Pflicht, alles Leben zu erhalten, selbst dann, wenn ihm nur eine kurze Lebensdauer vorher gesagt wird. Aus der Liebe Gottes zu seinen Geschöpfen erwächst das *Recht*, gestreichelt, geliebt und betrauert zu werden.

Dies alles lässt sich freilich leicht sagen. Nelly und Peter wissen, was das für ihr eigenes Leben bedeutet!

Die Entscheidung der Eltern

Nelly macht auf mich einen sehr lebendigen Eindruck, als ich bei der Familie zu Gast bin. Aber sie behält selbst in Stresssituationen die Ruhe. Das wirkt beruhigend, vor allem auf die Kinder. Peter hat während des Gesprächs seinen Arm um sie gelegt. Er geht sehr fürsorglich mit seiner Frau um, wirkt still und in sich gekehrt. Trotzdem scheint er der Dominantere von beiden zu sein. Obwohl sie eine moderne Familie sind, steht im Haus kein Fernsehgerät. *Es laufen so wenig gute Sendungen*, sagt Peter, und sie seien viel lieber in fröhlicher Runde beieinander. Sie leben sehr zurückgezogen.

Nelly ist Jahrgang 1977. Sie wirkt reif und ist sicher auch durch die ungewöhnliche und schwierige Lebenssituation geprägt. Sie beeindruckt mich. Ob ich die Stärke und den Mut gehabt hätte, das alles durchzustehen? Vielleicht hätte ich auf halber Strecke alles hingeworfen. Ob die Familie solche Gedanken hatte, weiß ich nicht. Verstehen würde ich es auf jeden Fall.

Die Kraft für ihr tägliches Leben und die Probleme schöpfen Nelly und ihr Mann aus dem christlichen Glauben. Er ist stets entscheidend für sie und bietet ihnen festen Halt. Beide sind Mitglieder der mennonitischen Brüdergemeinde. Seit sie in Lemgo leben, gehören sie der dortigen Gemeinde an.

Peter scheint in seinem Glauben festgelegter und stärker

als Nelly. Beide sind stark an ihre Kirche gebunden. Dennoch hinterfragt Nelly die Dinge und ist nach dem Urteil einiger Beobachter ein Stück offener – auch für andere Dinge außerhalb der Gemeinde.

Lemgo ist erst seit ein paar Jahren die Wahlheimat von Nelly und Peter. Beide stammen aus der ehemaligen Sowjetunion und sind mit ihren Familien 1989 nach Lemgo ausgewandert. Dort lebten bereits einige Verwandte. Peter kam aus Orenburg, einer Großstadt südwestlich des Uralgebirges, Nelly aus der zentralasiatischen Republik Kirgisien. Die mennonitische Gemeinde gab ihnen auch dort eine geistliche Heimat. Die Umgangssprache innerhalb der Gemeinschaft war ein konserviertes Deutsch aus der Zeit Katharinas der Großen. Sie bezeichnen es als „Plattdeutsch". Es hat aber nur wenig mit dieser norddeutschen Mundart zu tun. Hochdeutsch haben sie durch die Lutherbibel gelernt. Russisch können Nelly und Peter auch.

Zwischen Nelly und Peter ist es Liebe auf den zweiten Blick. Denn bevor sie ein Paar werden, kennen sie sich einige Jahre. Sie engagieren sich beide in der Jugendarbeit der Lemgoer Gemeinde. Dabei fallen sie einander irgendwann auf. Wer wen zuerst ins Herz schließt, können sie heute nicht mehr genau sagen.

Im Oktober 2002 heiraten sie und beziehen ihre erste eigene Wohnung. Trotzdem haben sie eine starke Bindung an ihre Eltern und Geschwister, denn sowohl Nelly als auch Peter kommen aus einer Großfamilie, in der alle selbstverständlich zusammenhalten und sich gegenseitig unterstützen. Das Oberhaupt auch dieser jungen Familie ist Peters

Vater Jakob. Er ist so etwas wie ein Familienpatriarch. Das Denkoberhaupt, dessen Rat bei verschiedenen Lebensfragen wichtig und entscheidend ist. Er achtet darauf, dass die Traditionen ihres Glaubens bewahrt werden. Nelly und Peter richten sich nach ihm.

Die mennonitische Brüdergemeinde in Lemgo

Ich besuche Nikolai Reimer. Er ist der Pastor und hauptamtliche Leiter der Gemeinde in Lemgo. Er zeigt mir das neue Bethaus der *Evangelischen Freikirche der Mennonitischen Brüdergemeinde*. Es ist noch nicht alt. Im Dezember 2001, einen Tag vor Heiligabend, wird es mit einem festlichen Gottesdienst eingeweiht. Das alte Bethaus war zu klein geworden, denn die Gemeinde, die erst 1988 gegründet wurde, zählt derzeit ungefähr 1400 Gemeindeglieder. Sie kommen aus Lemgo und der näheren Umgebung. Die Gemeinde wächst weiter.

Höret ihr Völker des Herren Wort, steht in wuchtigen Buchstaben im Foyer. Wie ist das wohl gemeint? Nikolai Reimer erklärt, warum er diesen Vers aus dem Buch des Propheten Jeremia (31,10) ausgesucht hat: *Das Wort Gottes und sein Wille stehen über all dem, was wir Menschen denken und tun. Das Wort Gottes ist das einzige, was wirklich zählt. Allein darauf sollen wir hören.*

Das Gemeindeleben ist vielseitig, erzählt Pastor Reimer. Dreh- und Angelpunkt ist der Gottesdienst. Sonntag für Sonntag versammeln sich die Gemeindeglieder zum Lobpreis und zur Anbetung Gottes. Im Mittelpunkt des Gottesdienstes steht die Predigt, sie wird von Nikolai Reimer oder einem der Laienprediger gehalten. Frauen dürfen das Predigeramt nicht bekleiden. Über dem Altar steht *Wir aber predigen Christus den Gekreuzigten* (1. Korintherbrief 1,25). Dieses Pauluswort soll verdeutlichen, dass Jesus Christus im Zentrum der Predigt steht.

Das Heilige Abendmahl wird als Gemeinschafts- und Erinnerungsmahl gefeiert. Jede Woche findet eine Bibelstunde und zusätzlich eine Gebetsstunde statt. Die Gemeindeglieder haben hier immer wieder für Lea, Tabea und ihre Eltern Fürbitte gehalten. Besonders wichtig ist für die Gemeinde die Kinder- und Jugendarbeit. Jeden Samstag können Kinder und Jugendliche die Angebote für die verschiedenen Altersgruppen wahrnehmen.

Die Mennoniten haben ihre Anfänge in der Täuferbewegung der Reformationszeit und sind damit die älteste evangelische Freikirche. Sie entwickelt sich zunächst in der Schweiz und im niederländischen Raum. Sehr bald werden ihre Anhänger verfolgt und müssen fliehen.

Die Mennoniten verbreiten sich vor allem in Deutschland, Russland und Amerika. Sie bleiben dennoch eine recht kleine Glaubensgemeinschaft. Weltweit gehören ihr heute etwa eine Million Gläubige an. Die meisten von ihnen leben in Nordamerika. In Deutschland zählen etwa 15.000 Menschen zur mennonitischen Glaubensgemeinschaft.

Der entscheidende Wegbereiter dieser Glaubensgemeinschaft ist Menno Simons (1496-1561). Er ist katholischer Priester in Friesland, kommt jedoch in der Schweiz mit der Täuferbewegung in Berührung und lässt sich nach zehn

Jahren im Priesteramt ein zweites Mal taufen. Nach seiner Wiedertaufe verlässt er die katholische Kirche und beginnt in Holland, Friesland und am Niederrhein zu predigen und selbst zu taufen. Er gründet so neue Gemeinden im Sinne der Täuferbewegung. Menno Simons lehrt, dass der Mensch durch die Wiedertaufe in der Nachfolge Jesu Christi lebt. Die Gemeinde dieser Gläubigen bezeichnet er als Leib Christi. In ihm leben die Heiligen und Reinen.

Da Menno Simons die wichtigsten Grundsteine für diese Gemeinschaft gelegt hat, werden Gläubige, die in seinem Sinne leben, bis heute als Mennoniten bezeichnet. Dies war ursprünglich ein Schutzname, denn *Wiedertäufer* wurden damals zum Tode verurteilt. Viele Schriften und Bekenntnisse, die Menno Simons verfasste, aber auch seine Lehrentscheidungen haben bis heute Gültigkeit. Auf sie greifen die Gemeinden zurück.

Ein Kerngedanke in der Theologie der Mennoniten ist die Glaubenstaufe. Sie wird frühestens mit Vollendung des sechzehnten Lebensjahrs vollzogen und deshalb als Erwachsenentaufe bezeichnet. Mit dieser Taufe verbindet sich ein persönliches Bekenntnis und die ernsthafte Absicht, Jesus Christus nachzufolgen und Anteil an seinem Leben, Leiden und Sterben zu nehmen. Erst mit dieser Taufe sind die Gläubigen voll in die Gemeinde aufgenommen und haben alle Rechte und Pflichten. Die mennonitische Glaubensgemeinschaft erlaubt nur diese Form der Taufe und akzeptiert keine Kindertaufe.

Die Mennoniten sprechen sich für die Trennung von Staat und Kirche aus. Ihre männlichen Angehörigen verweigern den Wehrdienst.

Innerhalb der mennonitischen Glaubensgemeinschaft gibt es keine einheitliche Struktur, auch keine übergeordnete Organisation für alle Gemeinden in Deutschland. Jede Gemeinde ist selbstständig und gehört je nach ihrer Prägung einer bestimmten Konferenz oder einem Verband an. Die „höchste Instanz" in jeder Gemeinde ist der Gemeindeleiter. Er ist das Oberhaupt der Gläubigen und genießt eine große Autorität. Diese befähigt ihn, Lehrentscheidungen zu treffen. Für viele Gläubige ist er Ansprechpartner und Ratgeber in Glaubens-, aber auch in Lebensfragen. Dabei greift er in vielen Angelegenheiten auf die Bekenntnisse und Glaubensentscheidungen aus der Zeit und der Feder Menno Simons zurück.

Dem Gemeindeleiter zur Seite steht der *Bruderrat*. Er bildet so etwas wie den Vorstand oder den Rat der Gemeinde. In Lemgo regeln 17 Brüder gemeinsam mit Nikolai Reimer die Angelegenheiten vor Ort. Als Tabea in Lemgo beerdigt werden sollte, erhielt Nikolai Reimer viele Journalistenanfragen. Er gab Auskunft, was wiederum den Berichterstattern von STERN und STERN TV nicht recht war, denn sie befürchteten, ihre Exklusivitätsrechte würden so untergraben.

Wenn ein Gemeindeglied ein besonderes Problem hat, dann müssen wir das mittragen oder mithelfen, so weit wir das eben können, so beschreibt Nikolai Reimer den Zusammenhalt in der Gemeinde. Das Verhältnis untereinander ist freundschaftlich, fast familiär. Diese Gemeinschaft trägt ihre Glieder – auch Lea und Tabea, vor allem ihre Eltern hat sie getragen. Kurz nach der Geburt der Zwillinge haben Mitglieder der Gemeinde Nelly und Peter regelmäßig zu Hause besucht, da die Kinder noch nicht mit in den Gottesdienst kommen konnten. Auch finanzielle Unterstützung erfuhren sie von ihren Glaubensgeschwistern.

Die Gemeindeglieder sind stark aufeinander bezogen. Sie orientieren sich vor allem aneinander und weniger nach außen. Alles was außerhalb ihres Lebensbereiches passiert, ist kaum interessant für sie. Darum leben sie, so kommt es mir vor, sehr zurückgezogen. *Es ist heute schwer, diesen Zusammenhalt zu bewahren*, sagt Jakob Block, Peters Vater, in einem Gespräch mit Henning Röhl, *schwerer als damals in der alten Sowjetunion.*

Darüber gibt es unter den Glaubensgeschwistern keine Diskussion: Abtreibung ist nichts anderes als Mord und damit Sünde. Eine Ausnahme gibt es für Nikolai Reimer nicht: *Es gibt keinen Fall, bei dem man sagt, unter diesen Umständen kann man abtreiben. Denn wir nehmen das Leben an, wie es ist.* Auch Kinder mit starken Behinderungen und Fehlbildungen sind demzufolge willkommen. Wenn werdende Eltern ein solches Schicksal trifft, hat Gott das so gewollt, denn alles kommt von Gott her.

Für Pastor Reimer existiert die Frage, wann das Leben beginnt, überhaupt nicht: *Wir sagen einfach, es gibt bei uns keine Abtreibung. Ganz einfach.* Diese Aussage hat folgenschwere Konsequenzen für andere ethische Entscheidungen, zum Beispiel für die Diskussion um aktive oder passive Sterbehilfe. Aber dieses Thema steht weder im Gespräch mit Nikolai Reimer noch mit Nelly und Peter zur Diskussion.

Die Entscheidung der Eltern als ein Glaubenszeugnis

Auch Nelly und Peter teilen diese Auffassung ihrer Glaubensgemeinschaft: Nelly kann gar nicht verstehen, warum man darüber so viel diskutieren muss. In unserem Gespräch sagt sie: *Ein Kindermörder wird bestraft und manche Ärzte raten den Frauen, ihre Kinder abzutreiben.*

Ich spüre ein unbeschreibliches Gottvertrauen bei den beiden. Sie empfinden die Fehlbildung ihrer Kinder nicht als Last, weil sie wissen, dass Gott ihnen die nötige Kraft und Ausdauer für ihren Weg geben wird. Sie sind sich seiner Hilfe sicher. Mehr als sie (er)tragen können, wird er ihnen nicht auferlegen, sagen sie. Ihre Tochter, die am 7. März 2005 geboren wird, nennen sie Dorothea. Das heißt übersetzt Gottesgeschenk.

Doch ist das nicht ein Widerspruch in sich? Nelly und Peter entscheiden sich gegen eine Abtreibung, aber für eine Trennungsoperation, die unvorhersehbare Risiken und Gefahren in sich birgt. Ist die Operation vielleicht die Lösung der ihnen von Gott aufgetragenen Aufgabe? Denn Gott zu vertrauen, bedeutet für sie auch, alle denkbaren Möglichkeiten zu nutzen. Nelly sagt: *Er hat uns aber auch einen Verstand gegeben, um nach Lösungen zu suchen.* Sie und ihr Mann taten, was sie um ihres Glaubens willen tun mussten.

Wir wollen euch auf Gebetshänden tragen –
Die Kraft der Gebete

Der 5. September 2004 ist für die Gemeindeglieder ein ganz besonderer Sonntag. An diesem Tag feiern sie nicht wie üblich einen Gottesdienst, sondern halten einen Gebets- und Fastentag miteinander. Sie wollen Nelly und Peter stärken und stützen. Nikolai Reimer sagt: *Wir wollen sie auf Gebetshänden tragen.*

Die ganze Gemeinde, Freunde der Familie und Nellys und Peters Eltern versammeln sich, um für Lea, Tabea und ihre Ärzte Fürbitte zu halten. Der Tag endet mit einer gemeinsamen Abendmahlsfeier. Anschließend organisieren sie bis zum Operationstag eine „Gebetskette", damit ununterbrochen mindestens in einem Haus für die Kinder Fürbitte gehalten wird. Auch in den Tagen zwischen den beiden Trennungsoperationen wird in Lemgo gebetet und gefastet.

So viel Engagement und Mitgefühl beeindrucken mich. Gleichzeitig kommt mir in den Sinn, dass die Trennungsoperation nicht den Ausgang nahm, den sich die Eltern und alle anderen wünschten, die am Schicksal dieser beiden Mädchen Anteil nahmen. Haben die Gebete nicht gewirkt? Hat Gott diese Gebete nicht erhört? So fragen wahrscheinlich nur Außenstehende, Menschen, die rechnen – die ihre Gebete aufrechnen gegen die Erhörung durch Gott. Um ihnen zu zeigen, dass diese Frage falsch gestellt ist, könnte man ihnen mit einer Gegenfrage antworten: Was wäre wohl geschehen, wenn nicht so viele Menschen so intensiv gebetet hätten?

Solche Fragen haben Nelly, Peter und ihre Freunde mit

Sicherheit nicht gestellt. Sie haben hautnah erlebt, wie Gott auf diese Gebete geantwortet hat und wie diese Gebete gewirkt haben – vielleicht sogar gegen den Augenschein. Denn Nelly und Peter sind in diesen schweren Zeiten nicht verzweifelt oder haben den Mut verloren. Nikolai Reimer sagt: *Ich stelle mir das so vor, dass Gott besser weiß, was für Nelly und Peter am besten ist. Und wie es auch für die Kinder am besten ist. Ich glaube, dass der liebe Gott unsere Gebete erhört hat, auch wenn es nicht so ausgegangen ist, wie wir wollten.*

Alles, was passiert, hat seinen Sinn. *Gott macht keine Fehler*, sagt Peter einen Tag nachdem die Trennungsoperation unterbrochen werden musste. Gottes Wille ist nicht mit menschlichen Maßstäben zu messen. *Egal, wie Gott auf unsere Gebete antwortet, wir müssen lernen damit umzugehen. Selbst mit dem Tod unserer Töchter,* so Nelly vor der Operation zum STERN. *Wir sind auf einem Weg, dessen Ziel wir nicht kennen.* Dieser Satz wird auch in BILD zitiert, als das Boulevardblatt das erste Mal nach der Veröffentlichung im STERN über Lea und Tabea berichtet.

Warum lässt Gott das überhaupt zu?

WARUM lässt Gott das zu? WARUM ausgerechnet wir? WARUM? Wahrscheinlich geisterte diese Frage unwillkürlich in den Köpfen der Eltern, Freunde und Großeltern herum als fest stand, dass Lea und Tabea am Kopf zusammengewachsen sind. Eine Frage, die von Außenstehenden möglicherweise auch ausgesprochen wurde. Es ist eine berechtigte Frage.

Gibt es auf diese Frage überhaupt eine befriedigende Antwort? Eine Antwort, auf deren Suche man nicht zerbricht? *Auf die ‚Warum-Frage' bekommen wir auf dieser Welt keine Antwort,* sagt Nelly, als ich sie darauf anspreche. Ich habe das Gefühl, sie will das *Warum* lieber durch ein *Wozu* ersetzen. Wozu kann es gut sein, dass Gott ihnen zwei Kinder schenkt, die eine Fehlbildung haben? Zwei Kinder, deren Zukunft ungewiss ist und von denen sie nicht weiß, wie lange sie bei ihr sein werden. Wozu kann es nutzen, dass eine Frau in Deutschland siamesische Zwillinge austrägt, die mehr Fürsorge und Zuwendung brauchen als sie und ihr Mann vielleicht geben können?

Die Antwort, die Nelly an dieser Stelle immer gibt, ist eine sehr persönliche. Eine Antwort, die sie in dem einen Jahr, in dem sie sich um Lea und Tabea gekümmert hat, wirklich erlebt und durchlebt hat. Sie sagt, ihr Mann und sie wollen, dass einige Leute umdenken. *Wenn nur zwei oder drei Frauen umdenken, weil sie von uns gehört haben, und nicht abtreiben, dann hätte sich unser langer, schwerer Weg schon gelohnt.* Sie und Peter zeigen damit, dass auch Kinder, die nach modernen Maßstäben nicht „normal" sind, geliebte Wesen Gottes sind. Und es hat sich tatsächlich etwas geändert. Einige Menschen haben ihnen geschrieben, dass sie anfingen zu beten. Dass sie durch das Handeln der Familie einen Anstoß bekamen und ihr Leben verändert haben: *Liebe Geschwister, Euer Vertrauen und Eure Stärke auf die Allmacht unseres Herrn geben auch meiner Frau und mir Hoffnung und Zuversicht weiter im Vertrauen auf Gottes Pläne im Glauben zu wachsen.*

Wenn ich einen Versuch wagen darf, die ‚*Warum-Frage*' zu beantworten, dann würde ich so beginnen: Weil Gott sich für seine Kinder Eltern aussucht, die auch wirklich in der Lage sind, diese Kinder anzunehmen. Kinder, die von vielen scheinbar nicht geliebt werden können und unerwünscht sind, hat Gott ganz bestimmten Eltern gegeben, weil sie die Kraft und den Mut haben, für diese Kinder zu sorgen – wie diese es brauchen. Nelly und Peter haben sich als Eltern erwiesen, die auch dann nicht zerbrachen, als Gott ihnen ein Kind früher wieder nahm, als sie es wollten.

Gäbe es eine Alternative zur Trennungsoperation?

Die Frage, ob es eine andere Möglichkeit gibt, als Lea und Tabea operativ zu trennen, haben sich Nelly und Peter sicher oft gestellt. *Zu einer Trennungsoperation gibt es keine Alternative. Entweder man akzeptiert den Zustand, zusammengewachsen zu sein, oder man operiert. Etwas anderes gibt es nicht,* sagt Ortun Riha, Medizinhistorikerin in Leipzig.

Siamesische Zwillinge nicht zu trennen, schränkt ihre Lebensqualität unzumutbar ein. Von einem *schrecklichen Leben* spricht Benjamin Carson. Deshalb ist es die Pflicht der Mediziner, alles daran zu setzten, eine Trennung zu versuchen. Und das mit allen Mitteln, die ihnen zur Verfügung stehen. Eine Kostenobergrenze gibt es aus ethischer Sicht dafür nicht.

Wie umstritten eine Trennung sein kann, zeigt der Fall von Judy und Mary aus England. Das oberste Zivilgericht ordnet an, die beiden Mädchen zu operieren – gegen den Willen der Eltern. Sie sind überzeugte Katholiken. Die Schwestern sind am Unterleib miteinander verwachsen. Sie haben nur ein Herz und eine Lunge. Bei dem Eingriff im November 2000 in Manchester überlebt nur Judy.

Volker von Löwenich ist Vorsitzender der deutschen Akademie für Kindermedizin. Er befürwortet die Entscheidung des Gerichts trotz des Ausgangs der Operation. Denn, so sagt er in der Welt am Sonntag: *Bei siamesischen Zwillingen ist jedoch die Lebensqualität erbärmlich. Wenn es ein Kind nicht schafft, dann ist das immer noch besser, als wenn zwei aneinander gekettet leben müssen.*

Die Gegner dieser Entscheidung meinen zu Recht, sie verstoße gegen den ethischen Grundsatz, ein Kind für das andere zu opfern. Doch sollten die Richter den Eltern diese Entscheidung abnehmen dürfen?

Die Erfahrungen von Benjamin Carson

Viele Erfahrungen stehen im Hintergrund, als Benjamin Carson dem Trennungsversuch von Lea und Tabea zustimmt. Die erste Trennung am Kopf zusammengewachsener Kinder nimmt Benjamin Carson 1987 an Benjamin und Patrik Binder aus Ulm vor. Der Ausgang der Operation gilt zunächst als Erfolg und auch Prof. Carson sagt: *Ich hatte damit gerechnet, dass die beiden keine 24 Stunden überlebten, und nun machen sie täglich Fortschritte.* Das ist das erste Mal, dass Zwillinge mit einer Anatomie wie Lea und Tabea einen chirurgischen Trennungsversuch überleben. Später treten jedoch schwere Hirnschäden auf und sie sind auf fremde Hilfe und Pflege angewiesen.

Im Juni 1994 operiert Carson bei Pretoria mit südafrikanischen Kollegen die Makwaeba-Zwillinge. Einige Wochen vorher werden den beiden Mädchen Silikonbeutel implantiert, um die Haut für das Vernähen zu dehnen. Den

16-stündigen Haupteingriff überleben beide nur wenige Stunden.

Im selben Krankenhaus glückt ihm und seinen Kollegen die Trennung von Joseph und Luka Banda aus Sambia. Bereits drei Tage nach dem Eingriff können sie mit ihren Eltern essen. Fünf Jahre später kehren sie nach zu Hause zurück, gehen in die Vorschule und spielen mit den Nachbarskindern.

Doch die erfolgreiche Trennung eines Paares ist keine Garantie. 2003 nimmt Carson in Singapur an der Operation von Ladan und Laleh Bijani teil. Obwohl die Ärzte auch ihre Trennung an einem originalgetreuen dreidimensionalen Hirnmodell geübt haben, dass die Nationale Universität von Singapur gemeinsam mit der Johns Hopkins School of Medicine entwickelt hatte, gelingt sie nicht. Nach 52 Stunden sterben beide Frauen. Zuerst Ladan, 90 Minuten später ihre Schwester. 1988 hatten Heidelberger Ärzte die Trennung auf Grund des Alters als zu riskant eingeschätzt, auch die Bonner Uniklinik lehnt dieses Wagnis ab. Benjamin Carson gibt ihnen eine Chance von 50 Prozent. Auch ein Verwandter von Ladan und Laleh, selbst Arzt, hält die Rekonstruktion der Blutversorgung des Gehirns für zu schwierig. Als ihr Adoptivvater sich gegen diese Operation ausspricht, brechen beide Schwestern den Kontakt zu ihrer Familie ab.

Einige Tage nach der Operation und dem Tod der beiden Frauen gibt auch Benjamin Carson zu, dass er auf Grund der gesammelten Erfahrungen diesen Eingriff nicht noch einmal vornehmen würde. Allerdings seien die beiden Schwestern nicht umsonst gestorben, so der Neurochirurg. Die bei der Operation gewonnenen Erkenntnisse könnten *es irgendwann einmal ermöglichen, diese Art Chirurgie sicher durchzuführen*. Obwohl ihre Trennung scheitert, haben Ladan und Laleh Medizingeschichte geschrieben.

Doch es gibt auch Erfolgserlebnisse. Im August 2002 trennen Chirurgen zwei Mädchen in Los Angeles. Maria Teresa und Maria de Jesus aus Guatemala teilen sich einen Schädelknochen und haben eine größere Arterie gemeinsam. Beide haben den Eingriff gut überstanden, wie man bei ihren zahlreichen Auftritten im US-amerikanischen Fernsehen feststellen kann.

Benjamin Carson –
Ghettokind und renommierter Neurochirurg

Benjamin Carson, der Direktor der Kinderneurochirurgie des Johns Hopkins Hospitals in Baltimore, gehört zu den bekanntesten Ärzten in den Vereinigten Staaten. Er hört beim Operieren Barockmusik und lässt deshalb in den Operationssaal eine Stereoanlage einbauen. Doch er sagt von sich, er sei nur unfreiwillig Chirurg geworden, da er es vom ersten Moment seiner Karriere an gehasst habe, Blut zu sehen. Doch, so der Mediziner in einem Interview mit dem STERN: *Gott hat mir nun einmal das Talent eines Chirurgen gegeben. Und sicher nicht, damit ich es nicht nutze. Was also soll ich machen?*

In seinem Buch „Begnadete Hände" beschreibt er seinen Weg aus den Armenvierteln Detroits an die renommierte Johns Hopkins Universität. Nelly und Peter haben sich dieses Buch gegenseitig vorgelesen. Nur durch einen glücklichen Umstand wird der Christ nicht zum Mörder an einem Jugendlichen. Viele sagen über ihn, er habe einen geistreichen Humor und eine warmherzige Art. Diese zeigen sich vielleicht auch in folgender Aussage Carsons über seinen Zweitnamen Salomo: Vom biblischen Salomo werde berichtet, dass er durch ein weises Urteil verhindert, dass ein Kind geteilt wird. Benjamin Salomo trennt dagegen Jungen und Mädchen voneinander, die zusammengewachsen sind.

Und in Hollywood plant man bereits, sein Leben zu verfilmen.

Benjamin Carson wächst in den Slums von Detroit auf. Im September 1951 wird er dort geboren. Seine Eltern lassen sich scheiden, als er acht Jahre alt ist. Sonya, seine Mutter, weiß nicht, wie sie sich und ihre beiden Söhne durchbringen soll. Sie schlägt sich mit mehreren Jobs gleichzeitig durch und leidet lange Zeit an Depressionen. Ihre beiden Kinder Benjamin und sein älterer Bruder Curtis sind oft allein. In der Schule wird der farbige Junge gehänselt und als Dummerchen beschimpft. Kein guter Start ins Leben. Statt in den Slums zu versinken, versucht er sich mit Fleiß, Disziplin und Ergeiz nach oben zu arbeiten. Seine Mutter ermutigt ihn dazu: *Du bist nicht auf die Welt gekommen, um ein Versager zu sein, Bennie. Das schaffst du!*

Benjamin ist gerade vierzehn, als er einen Jugendlichen töten will. Er versucht ihm ein Messer in den Bauch zu stoßen. Die Klinge rutscht ab, und er ist geschockt über sich selbst. Er schließt sich ins Badezimmer ein, um nachzudenken. Und er beginnt in der Bibel zu lesen. Ein ungewöhnliches Bekehrungserlebnis. Heute fordert Carson alle dazu auf, dass auch sie mit Gott rechnen sollen.

Jeden Tag beginnt Benjamin Carson mit einer Zeit der Meditation, und er tritt nie an den Operationstisch, ohne vorher gebetet zu haben: *Ich bitte Gott um Weisheit und Führung. Und auch meine Kollegen ermutige ich dazu,* sagt er im STERN. Er fühle tatsächlich die Kraft der Gebete anderer Menschen, während er operiere, sagt der Chirurg. Auch vor Leas und Tabeas Trennung faltet er die Hände.

Carson gehört der Freikirche der Siebenten-Tags-Adventisten an, einer 1863 gegründeten Gemeinschaft, die aus einer Erweckungsbewegung in den USA hervorgegangen ist. Mitglieder dieser Glaubensgemeinschaft verstehen sich als *endzeitliche Gemeinde der Übrigen*: Durch ihren Glaubensgehorsam unterscheiden sie sich von der Welt, die unter der Herrschaft des Teufels steht. Sie halten den Samstag, den siebenten Tag der Woche, als Feiertag und haben ein ausgeprägtes Endzeitbewusstsein. Biblischen Berechnungen zufolge sei die Endzeit bereits 1844 angebrochen, so die Adventisten.

Wenn ihr es lernt, umfassend zu denken, kann euch nichts auf der Welt davon abhalten, voranzukommen, und zwar in allem, was ihr euch vornehmt. Mit Sätzen wie diesem will Benamin Carson Jugendliche in Armenvierteln ermutigen, ihr Leben selbst in die Hand zu nehmen und zu gestalten. Dass er das nicht nur sagt, sondern selbst praktiziert und geschafft hat, macht ihn glaubwürdig.

Carson weiß bereits im Alter von zehn Jahren, dass er Arzt werden will. Ein harter und langer Weg liegt vor ihm. Und viele werden es ihm nicht zugetraut haben. Zunächst studiert er in Yale Psychologie, später in Michigan Neurochirurgie. Schon mit 33 Jahren wird er Professor und zum Direktor der Abteilung für Kinderneurochirurgie an der Johns Hopkins Universität ernannt. Für seinen Dienst erhält er unzählige Auszeichnungen und schreibt diverse Bücher. Jetzt lebt er mit seiner Frau und seinen drei Söhnen in Baltimore.

Als ich Nelly auf Benjamin Carson anspreche, beginnt sie zu lächeln. Ich habe den Eindruck, in diesem Moment erinnert sie sich an eine ganz bestimmte Situation. Dann beginnt sie zu erzählen: *Er ist ein wirklich angenehmer Mensch und äußerst konsequent. Er steht da am Krankenbett, und wenn er gesagt hat, was zu sagen ist, dreht er sich um und geht. Ich wollte ihn etwas fragen, schaute hoch, da war er schon weg und kam nicht wieder. So lange er noch spricht, muss man schon sagen, was man noch will. Trotzdem wirkt er ausgeglichen.*

Carson kann sich in die Lage gut hineinfühlen, in der sich Nelly und Peter befinden. Er sagt, man habe ihm geraten, er solle sich nicht emotional engagieren, weil das sehr schmerzhaft sein kann, wenn den Patienten etwas passiert. Doch das habe er nie gelernt, so der Neurochirurg. Natürlich spielt dabei auch eine Rolle, dass er selbst Kinder hat. Und er weiß aus eigener Erfahrung, was es bedeutet, sich in einer lebensbedrohlichen Situation zu befinden. Denn er erfährt während einer Operation, dass er schwer an Prostatakrebs erkrankt ist. Und trotzdem hält er an Gott fest: *Selbst in den schlimmsten Momenten – als ich fürchtete, ich könnte Metastasen bis ins Rückenmark haben – war mein Glaube stark.* Das hat Nelly und Peter sicher ermutigt und getröstet. Mittlerweile wurde er operiert und gilt als geheilt.

Das Vertrauen und die Stärke ist gegenseitig vorhanden, denn der Neurochirurg bezeichnet Nelly und Peter als *bewundernswerte Menschen.*

Die Trennungsoperation

Noch bevor Lea und Tabea zur Welt kommen, ziehen die Ärzte in der Uniklinik Münster Experten zu Rate. Dr. Carson ist der weltweit erfahrenste Neurochirurg für Trennungsoperationen siamesischer Zwillinge, die am Kopf zusammengewachsen sind. Er bekommt die Ultraschallbilder der beiden Kinder in Nellys Bauch gemailt und soll so einschätzen, ob die Mädchen eine Chance haben, operiert zu werden.

Nach der Geburt von Lea und Tabea hält Dr. Martin Bruns, Kinderarzt in Lemgo, Kontakt mit der Klinik in Amerika. Über Monate tauscht er mit Dr. Carson und seinem Team E-Mails aus und telefoniert mit den Spezialisten. Nelly und Peter sagen über ihn: *Dr. Bruns ist klein von der Gestalt her, aber sonst ganz groß.*

Nachdem Benjamin Carson alle bisherigen Befunde geprüft hat, teilt er mit, dass er es für möglich hält, Lea und Tabea zu trennen. *Dr. Carson sagt, die Wahrscheinlichkeit, dass es gelingt, ist höher als dass es nicht gelingt,* sagt Nelly. Auf eine genaue Prozentzahl wolle er sich jedoch nicht festlegen, so die Mutter weiter. Erleichternd komme hinzu, dass die beiden Mädchen keine zusätzlichen Fehlbildungen oder Krankheiten haben und ihre Organfunktion gesichert ist, so die behandelnden Ärzte. Auch das kleine

Loch in Tabeas Herzscheidewand ist kein Hindernis. Es werde von allein zuwachsen.

Sollen sich Nelly und Peter auf diese optimistisch stimmenden Aussagen verlassen oder lieber der Statistik glauben? Weltweit sind 60 Kinder operiert worden, die am Kopf zusammengewachsen sind. 30 von ihnen starben während des Eingriffs oder an dessen Folgen. 17 der Kinder leben oder lebten mit einer Behinderung. Von sechs weiteren ist lediglich bekannt, dass sie überlebten. Nur sieben Kinder haben die Trennungsoperation gesund überstanden.

Die Spezialisten wissen, dass Leas und Tabeas Gehirne zwar dicht beieinander liegen, jedoch vollständig entwickelt sind und unabhängig voneinander funktionieren. Sie sind komplett getrennt – das ist eine gute Voraussetzung für die Operation. An den Hinterköpfen und entlang der Verbindungsstelle, an der beide verwachsen sind, liegt ein breit verästeltes System von Blutgefäßen. In diesem Venengeflecht fließt das Blut zurück zum Herzen und darüber findet der Blutaustausch zwischen den Mädchen statt. Dieses Geflecht müssen die Chirurgen zwischen beiden Kindern aufteilen, damit beide Gehirne ausreichend mit Sauerstoff versorgt werden können. Der Eingriff birgt ein hohes Risiko, denn heftige Hirnblutungen, Schlaganfälle und Lungenembolien können auftreten. Und die Ärzte müssen mit Infektionen sowie Folgeschäden rechnen. Sie müssen auch darauf vorbereitet sein, dass eines oder beide Kinder die Operation nicht überleben. Dr. Carson sagt den Eltern deshalb, dass diese Operation eine der gefährlichsten überhaupt sei.

All diese Informationen machen Nelly und Peter die Entscheidung nicht leichter. Doch sie liegt allein in ihren Händen. Und niemand kann sie ihnen abnehmen. Ist die Angst vor möglichen Komplikationen größer als die Hoffnung, dass Lea und Tabea bald ein eigenständiges und unabhängiges Leben führen können? Die Mädchen sind in einem 180-Grad-Winkel miteinander verwachsen. Deshalb sagen die Ärzte, dass sie niemals stehen oder laufen werden. Sie können sich höchstens auf allen Vieren fortbewegen. *So können sie ja nicht bleiben,* betont Nelly, *denn dann wäre ihnen ein Leben im Liegen ja vorprogrammiert.* Sie und ihr Mann müssten sie ihr Leben lang pflegen. Ist die Ungewissheit größer als die Aussicht, dass dieser Eingriff die Lebensqualität von Lea und Tabea erhöhen kann?

Monatelang überlegen Nelly und Peter hin und her. Sie wägen die Argumente immer wieder gegeneinander auf – besprechen sich in der Familie und mit ihren Freunden. Ich kann mir vorstellen, dass ihnen diese Entscheidung auch unruhige und schlaflose Nächte bereitet hat. Im März 2004 bitten sie Benjamin Carson, ihre Töchter zu trennen. Sie wollen ihren Töchtern diese Chance geben.

Die Eltern wissen, dass Lea und Tabea bei der Trennungsoperation noch so klein wie möglich sein sollen. Ihre Schädel lassen sich dann noch relativ leicht formen und die Gehirne sind so plastisch, dass sie mögliche Schäden ausgleichen können – bestimmte Hirnfunktionen werden besser von einem Areal auf das andere übertragen. Außerdem ist der Blutverlust geringer. Die Kinder überstehen die Strapazen besser, weil sie stabiler sind.

Für Nelly und Peter steht fest, dass sie ihre Kinder

in Baltimore operieren lassen wollen. Auch alle entscheidenden Vorbereitungen sollen nach ihrem Willen dort getroffen werden. Sie drängen im Frühling 2004 darauf, dass es bald losgeht. *Wir wünschen uns, dass es endlich losgeht.*

Die Reise nach Baltimore

Die mennonitische Gemeinde feiert mit der Familie vor ihrem Abflug nach Amerika einem Gottesdienst im Bethaus. Alle Plätze im Betraum sind besetzt und jeder verabschiedet sich persönlich von den Blocks. Freunde und Bekannte sprechen ihnen Mut zu. Ein bewegender Moment für alle Beteiligten. Nelly und Peter sind zu Tränen gerührt.

Alle Koffer sind gepackt. Alle Zettel, auf denen steht, was sie keinesfalls vergessen darf, hat Nelly abgearbeitet. Die Freude, dass es losgeht, wechselt bei ihr und Peter mit der Furcht vor dem, was alles auf sie und ihre Kinder zukommt. Es ist Pfingstsonntag, der 30. Mai 2004, kurz nach 13 Uhr. Die Lufthansamaschine LH 418 startet vom Rhein-Main-Flughafen nach Washington. Mit an Bord sind Lea, Tabea und ihre Eltern.

Wann und wie sie die Rückreise antreten werden, kann zu diesem Zeitpunkt niemand genau sagen. Wenn alles gut geht, wird die Familie ungefähr sechs Monate in Baltimore bleiben. Vorsichtshalber bekommen sie ihr Visum für ein Jahr ausgestellt. Für alle ist dies ein schwerer Moment. Ein Aufbruch ins Ungewisse und in dem Bewusstsein, dass sie in den nächsten Wochen und Monaten nur Kontakt über

Telefon und E-Mail haben können. Peters Mutter und sein Bruder sowie Nellys Schwester besuchen sie allerdings schon wenige Wochen später in Baltimore.

Den Flug verbringen Lea und Tabea im Patienten Transport Compartement (PTC). Das ist eine Art fliegende Krankenstation, in der medizinische Geräte eingebaut wurden und Medikamente für eine Notfallversorgung vorhanden sind. Die Kinder verkraften den Flug ausgesprochen gut. Der Trubel um diese Reise nimmt sie nicht so mit wie ihre Eltern. Vom Flughafen in Washington sind es dann noch zwei Stunden mit dem Auto bis nach Baltimore.

Die Familie Block wohnt im *Children's House*, unmittelbar neben der Klinik. Sie leben dort zusammen mit anderen Familien, deren Kinder im Johns Hopkins Hospital behandelt werden. Ihr Zimmer ist für einen längeren Aufenthalt zu klein, und sie überlegen, sich ein größeres Appartement am Rande der Stadt zu mieten. Ihnen fehlt auch ein Raum für die morgendlichen Andachten.

Außerdem fühlen sich Nelly und Peter in ihrer neuen Umgebung einsam und fremd. Sie finden kaum Anschluss an andere Familien, denn die Landessprache wird für sie zu einem großen Problem, sie können sich nur schwer verständigen. Und sie vermissen ihre Familien und die Freunde – sie haben Heimweh. Schließlich finden sie Halt bei Mitgliedern einer mennonitischen Gemeinde im Nachbarstaat von Baltimore.

Einen Tag nach ihrer Ankunft in Baltimore lernen Nelly und Peter Dr. Carson persönlich kennen. Als er Lea und Tabea das erste Mal sieht, verstehen sie sich auf Anhieb gut. *Mir fiel natürlich sofort auf, wie niedlich diese Mädchen sind. Außerdem hat es mich ermutigt, dass beide so lebhaftes Interesse an dem zeigen, was um sie herum geschieht,* sagt der Neurochirurg gegenüber dem STERN. Die Tatsache, dass auch er ein bekennender Christ ist, stärkt das Vertrauen der Eltern in den Neurochirurgen: *Es ist beruhigend für uns, dass er seine Arbeit in dem Bewusstsein macht, dass nicht er der Chirurg ist, sondern Gott,* sagt Peter in einem Interview mit dem STERN. Und Nelly fügt lächelnd hinzu: *Am Tisch werden natürlich leibhaftige Ärzte stehen.*

Bald schon beginnen die ersten radiologischen Untersuchungen. Ziel dieser Untersuchungen ist es, den genauen Verlauf des Venen- und Gefäßsystems von Lea und Tabea zu verfolgen und festzustellen, wie viel Blut von einem Mädchen zum anderen fließt. Diese Informationen sind ganz entscheidend für die Planung der Trennungsoperation.

Anfang Juni, acht Wochen vor Leas und Tabeas erstem Geburtstag, pflanzen plastische Chirurgen den beiden Mädchen sechs aufpumpbare Silikonkissen unter die Kopfhaut. Nach und nach soll die Haut gedehnt werden. Dazu werden erst einmal, dann zweimal pro Woche 30 Milliliter Kochsalzlösung in die sogenannten Expander gespritzt. Die Haut muss geweitet werden, damit die Köpfe nach der Trennung jeweils mit der eigenen Kopfhaut verschlossen werden können.

Es dauert einige Tage, bis sich Lea und Tabea von dieser Operation erholen. An ihrem ersten Geburtstag, am 9. August, sind die Expander schon so groß, dass sie wie riesige Lockenwickler aussehen. Die Zwillinge stören sie nicht. Sie fassen sie an und drücken darauf herum.

Es ist schwer für Nelly und Peter zu sehen, dass ihre

Kinder durch die vorbereitenden Eingriffe mitgenommen und angeschlagen sind. Nach dem Einsetzen der Expander sagt Nelly gegenüber dem STERN: *Ich habe nicht damit gerechnet, dass die Kinder seelisch und körperlich so angegriffen sein würden nach diesem Eingriff. Die beiden haben nicht nur Schmerzen. Sie haben Angst, sie sind in Panik. Das schockt. Es tut weh, die beiden so zu sehen.*

In Momenten wie diesen haben sie und ihr Mann das Gefühl, ihren Kindern zu viel zugemutet zu haben. Nelly und Peter sind nervös. In ihrer Unsicherheit werden sie Schwestern und Pflegepersonal gegenüber manchmal ungerecht.

Jedoch gewöhnen sich Lea und Tabea auch an die Expander und die Hauterweiterung. Peter schreibt am 24. Juni in einer Mail: *Den Kindern geht es dem Umstand entsprechend (großer Kopf) recht gut. Sie sind noch recht gut beweglich, fröhlich, lachen viel und schlafen auch.*

Es gibt dann wieder Momente, in denen sind die Zweifel an ihrer Entscheidung groß. Für Augenblicke wünschen sie sich, mit ihren Kindern ins Flugzeug zu steigen und nach Hause zu fliegen. Doch bald sind sie sich wieder sicher, dass sie auf dem richtigen Weg sind.

Wie die Trennungsoperation verlaufen wird, lässt sich nur schwer vorhersagen. Jede Operation siamesischer Zwillinge, die am Kopf verwachsen sind, ist auch für einen erfahrenen Arzt Neuland. Auf diesem Gebiet haben die Mediziner keine Routine. Ein Expertenteam hat über Monate einen speziellen Operationsplan erarbeitet. Bei Probeoperationen üben sie. Mehrere Termine werden im Johns Hopkins Hospital angesetzt, um den Eingriff „trocken" durchzugehen. Spezialisten von „Medical Modeling" im Bundesstaat Colorado haben aus den Daten der Voruntersuchungen dafür extra ein dreidimensionales Modell von den Köpfen der beiden Mädchen angefertigt. Auch wegen all dieser Vorbereitungen ist dieser Eingriff einer der Aufwendigsten, die es je gegeben hat.

Dr. Carson will die Operation an einem Stück durchführen. Es gäbe auch die Möglichkeit, die Mädchen schrittweise zu trennen und die Eingriffe auf einen längeren Zeitraum zu verteilen. So war es bei den beiden philippinischen Jungen Carl und Clarence Aguirre. Beide wurden in New York in insgesamt vier Operationen voneinander getrennt, drei davon haben die endgültige Trennung vorbereitet. So hatten die Wunden mehr Zeit zu verheilen und die Kinder konnten sich an die Veränderung gewöhnen. Bei Lea und Tabea soll das nicht so sein.

Mitte August führt Benjamin Carson ein längeres Aufklärungsgespräch mit Nelly und Peter. Er erzählt, dass die Daten der Voruntersuchungen minuziös ausgewertet worden seien. Die Chancen für beide Kinder sind etwa gleich groß. Dr. Carson erläutert den Eltern den Ablauf der Operation und spricht mit ihnen umfassend über die Risiken. Er sichert Nelly und Peter zu, dass er keines der Mädchen für das andere opfern werde. Bevor er bewusst das Leben eines der Kinder aufs Spiel setzt, wird er die Operation lieber abbrechen. Das Aufklärungsgespräch wurde von ärztlicher Seite vorher mit den Anwälten der Klinik durchgesprochen und auf Video aufgezeichnet.

Diese Situation, dass ein siamesischer Zwilling für den

anderen geopfert werden soll, ergab sich bei der Operation von Ladan und Laleh. Die 29jährigen Frauen hatten sich für eine Trennung um jeden Preis entschieden. Für sie war die Vorstellung auch weiterhin verbunden und unfrei zu sein, schlimmer als der Tod.

Der Beginn der Marathonoperation

Zwei Tage vor der Operation steigt die Anspannung bei Nelly und Peter weiter an. In der kommenden Nacht schlafen sie kaum. Peter hat, wie er sagt, *einen komischen Traum*, an den er sich am nächsten Morgen nur noch dunkel erinnert. Er sei die ganze Nacht durch Gänge geflohen, aber nie angekommen. Offenbarte ihm dieser Traum ein geheimes Wissen darüber, was ihn und seine Familie in den nächsten Tagen erwartet? Peter wird diese Frage verneinen. Doch ich will diesen Gedanken nicht ganz verwerfen.

Einen Tag vor der Trennung werden Lea und Tabea in Narkose versetzt. Ihnen muss je ein Venenkatheder gelegt werden. Über diese werden sie mit Blut und Medikamenten versorgt. Nelly und Peter bleiben bei ihren Kindern, bis sie einschlafen. Auf keinen Fall wollen sie die beiden Mädchen allein lassen. Dann müssen sie ihre Töchter den Ärzten überlassen. Ein schwerer Moment. Jetzt können sie nichts mehr für sie tun. Nur noch warten, beten und hoffen. Ich würde mir in dieser Situation sicher sehr hilflos vorkommen und ständig auf die Uhr schauen, in der Hoffnung, das Schlimmste bald überstanden zu haben.

Es ist Samstag, der 11. September 2004. Heute will Prof. Carson mit der Trennungsoperation beginnen. Sie gehört zu den kompliziertesten Eingriffen in der Geschichte der Medizin. Ein bis zwei Tage kann sie dauern. Der Routinebetrieb im Johns Hopkins Hospital ist an diesem Tag nicht so hektisch wie während der Woche.

Dass die Operation zufällig an dem Tag stattfindet, an dem sich die Anschläge auf das World-Trade-Centre zum dritten Mal jähren, hat für Nelly und Peter keine Bedeutung, obwohl *dieser* 11. September ihr Leben und das ihrer Kinder verändern wird. Für sie wird nicht mehr alles so sein, wie es bisher war.

Mittag, kurz nach zwölf Uhr, beginnt das Operationsteam unter der Leitung von Dr. Carson mit seiner Arbeit. Wasser in Tabeas Lungengegend hatte den Beginn um fünf Stunden verzögert. Die 17 Neurochirurgen, 4 plastischen Chirurgen, 14 Anästhesisten, 42 Krankenschwestern und 22 technischen Experten kennen sich lange und können sich aufeinander verlassen. Jeder musste selbst entscheiden, ob er an diesem Eingriff beteiligt sein will. Das Team arbeitet zu acht und wechselt sich schichtweise ab. Dr. Carson wird nur kurze Pausen einlegen.

Der Operationssaal ist speziell für die Zwillinge ausgestattet. Lea und Tabea liegen auf einem extra entwickelten Tisch, der beliebig um die Längsachse drehbar ist und nach dem Eingriff auseinander gezogen werden kann. Zunächst werden die Expander entfernt und die Kopfhaut provisorisch vernäht. Dann beginnen die Chirurgen mit der eigentlichen Trennung. Sie beseitigen die Knochenhaut und sägen den gemeinsamen Schädelknochen bis auf ein kleines

Nackenteil heraus. Die Gehirne liegen frei. Jetzt kann begonnen werden, das Venensystem und die Gehirne auf beide Mädchen aufzuteilen. Einige Stunden läuft alles gut.

Kurz vor 20 Uhr treten erste Komplikationen auf, bei Tabea treten Herzrhythmusstörungen auf. Doch es gelingt den Ärzten, sie vorerst zu stabilisieren. Ihr Herz kollabiert ein weiteres Mal. Wieder können die Ärzte sie zurückholen. Dr. Carson entscheidet, die Operation zunächst einmal abzubrechen. Lea und Tabea werden provisorisch Titanplatten eingesetzt. Dann versetzt man sie in ein künstliches Koma, um ihnen Zeit zu geben, sich zu erholen. Ob und wann die Operation fortgesetzt wird, kann in diesem Moment niemand sagen.

Eltern und Ärzte können jetzt nur noch hoffen und bangen, doch hoffnungslos sind sie nicht. Nelly und Peter können jederzeit zu ihren Töchtern auf die Intensivstation. Sie streicheln sie und sprechen ihnen Mut zu. Das Warten ist schwer. Wenn es aus der Klinik gute Nachrichten gibt, geht es auch ihnen besser. Sie suchen Halt und Kraft im Gebet.

Vier Tage später, am 15. September, wagen die Ärzte einen zweiten Versuch. Die Stimmung ist optimistisch, aber verhalten. Zunächst läuft alles wie geplant.

Der Bielefelder Kinderarzt Dr. Tilman Polster ist während der Operationen bei Nelly und Peter. Er vermittelt zwischen den Ärzten und den Eltern und erklärt ihnen den aktuellen Stand. Dr. Polster will ihnen Mut machen, aber er muss ihnen Leas und Tabeas Zustand auch realistisch beschreiben. Für Nelly und Peter ist er Vermittler, Hoffnungsträger und Fachmann. Dass er selbst Vater ist, spielt in dieser

Situation sicher für beide Seiten eine wichtige Rolle. Dass er jetzt nicht der behandelnde Arzt ist, ist für ihn eine ungewöhnliche Situation.

Tilmann Polster kennt die Familie mittlerweile recht gut. Er und seine amerikanischen Kollegen sind beeindruckt von der Stärke der Eltern. Gegenüber STERN TV sagt er: *Im Team machen wir die Erfahrung, dass sie uns im Moment viel geben. Und wir lernen sehr viel von ihnen. Mich beeindruckt das, dass sie vorher gesagt haben, wir legen die Kinder in Gottes Hände und dass sie das so ernst gemeint haben und dass sie das jetzt so tragen. Ich glaube, sie sind da für ganz viele Menschen ein wichtiges Vorbild.*

Zu 90 Prozent sind die Gehirne der beiden Mädchen schon getrennt, die Venen sogar zu 95 Prozent, als wieder Komplikationen auftreten. Tabeas Herz und ihr Blutdruck kommen aus dem Gleichgewicht. Sie ist instabil. Prof. Carson weicht vom ursprünglichen Plan ab und will die Kinder schnellstmöglich trennen, um Lea nicht in Gefahr zu bringen. Er nimmt eine Notoperation vor. Dann wird das Operationsgestell auseinander gezogen. Lea und Tabea sind das erste Mal in ihrem Leben voneinander getrennt. Lea wird weiter operiert und versorgt. Über den Berg ist sie jedoch noch nicht. Ob sie es schaffen wird, werden die nächsten Tage zeigen.

Gleichzeitig kämpfen die Ärzte verzweifelt um Tabeas Leben. Eine Stunde versuchen sie, ihren Kreislauf wieder aufzubauen. Doch vergeblich. Ihr Herz hört auf zu schlagen. Der Kampf um Tabeas Leben ist verloren. Es ist 1.20 Uhr in der Nacht. Traurig und müde sind die Gesichter von Carson und seinem Team, als sie einige Stunden später vor die Kameras treten. Es hätte der Würde von Tabea widersprochen, wenn weiter irgend welche Maßnahmen unternommen worden wären, heißt es von Seiten der Ärzte. Tabea hätte mit extremsten Schädigungen leben müssen. Vielleicht hätte sie sogar einen Hirntod erlitten.

Henning Röhl erzählt auch von den Operationstagen und Tabeas Tod. Er war während dieser Zeit nicht in Baltimore, sondern zu Hause in Deutschland – über Telefon und E-Mail jederzeit einsatzbereit. Immer wieder wurde er als Ansprechpartner und Vermittler aus der Ferne kontaktiert. Vor Ort wäre das sicher nicht in gleicher Weise gelungen. Eine Mail an ihn endet deshalb mit einem ganz besonderen Dank: *Sie sind bisher immer der Fels in der Brandung gewesen, und wir sollten überlegen, ob wir Ihnen nicht den Beinamen Petrus verpassen.*

Für alle Beteiligten war das eine extreme Situation: Für die Eltern, die um das Leben ihrer Kinder bangten, sowieso. Sie verbrachten die Wartezeit nicht in ihrer Wohnung, sondern im *Children's House* neben der Klinik, um jederzeit erreichbar zu sein. Dr. Polster und Dr. Bruns standen nicht nur für die Eltern als Gesprächspartner und Informanten zur Verfügung. Sie versorgten auch die Teams von STERN und STERN TV mit Neuigkeiten. Nelly und Peter hatten sie von ihrer Schweigepflicht entbunden.

Zugleich waren die beiden deutschen Ärzte darum bemüht, den Journalisten nicht zu viel zu sagen, denn das Johns Hopkins Hospital akzeptierte den Exklusivanspruch des STERN nur bedingt. Aus der Sicht der Amerikaner ist das verständlich, denn ihnen ging es darum, auch ihre Öffentlichkeit zu informieren. Die deutschen Medien waren ihnen relativ egal.

Vor allem Dr. Polster befürchtete, bei der Klinikleitung in Misskredit zu geraten, weil er gewissermaßen als Sonderkorrespondent von STERN TV berichtete. Andererseits kannte er durchaus den ursprünglichen Wunsch von Nelly und Peter, die wartenden Journalisten mit einzubinden. Bei den STERN Redakteuren kam in den vielen Stunden des Wartens die Befürchtung auf, ihr Exklusivrecht könne gefährdet sein. Denn anderswo sollten nicht Informationen zu lesen seien, auf die sie – zumindest in Deutschland – einen Anspruch auf Erstveröffentlichung haben, sagen sie immer wieder.

Nelly und Peter hatten in diesen Tagen andere Sorgen, als sich darum zu kümmern, was und von wem die Öffentlichkeit über das Schicksal ihrer Kinder erfuhr. Aber sie hatten sich vorher verpflichtet, auch in dieser Zeit der Anspannung mit den Berichterstattern über ihre Probleme zu sprechen. Deshalb musste Henning Röhl einige Male telefonisch intervenieren und sie bitten, sich an den Vertrag zu halten, was sie dann auch bereitwillig taten.

Die Trauer um Tabea

Ich glaube, Tabea hat es geschafft, sie hat es hinter sich, sagt Nelly zu ihrem Mann. In diesem Moment sind sie nur wenige Meter vom Operationssaal entfernt. Sie ahnt, was für beide traurige Gewissheit werden würde. Wenig später überbringt Benjamin Carson ihnen die Todesnachricht.

Noch in dieser Nacht gehen Nelly und Peter zu Tabea und verabschieden sich von ihr.

Was in beiden vorgegangen sein mag, als sie vom Tod ihrer Tochter erfahren? Haben sie das Gefühl, der Boden tut sich unter ihnen auf? Macht sich Ohnmacht breit? Tabeas Tod trifft ihre Eltern nicht völlig unvorbereitet. Sie mussten mit dieser Möglichkeit rechnen, und sie haben sich mit ihr auseinander gesetzt.

Tilmann Polster hat Nelly und Peter auch während des Eingriffs mit auf den Weg genommen, dass es immer unwahrscheinlicher wird, dass die Operation den gewünschten Ausgang nimmt. Unbegreiflich bleibt diese Nachricht in jedem Fall. Auf mich wirkt es wie ein doppelt schweres Los, denn Nelly und Peter haben ihre Kinder ohne zu zögern angenommen, und jetzt ist es schon an der Zeit, eine Tochter wieder herzugeben.

Trotzdem sind Nelly und Peter dankbar, dass es Lea bisher geschafft hat. Die Erleichterung darüber und der Schmerz, dass sie Tabea verloren haben, liegen dicht beieinander. Sie tragen das Gefühl der Trauer und der Hoffnung in sich. In einem Interview mit STERN TV erzählen sie, wie es ihnen geht: *Ich weiß nicht, wie die Leute das auffassen von außerhalb, für diese Situation geht es uns gut. ... Wir haben noch Lea und die braucht uns jetzt ..., für uns ist das eine sehr lehrreiche Zeit durch so etwas zu gehen,* sagt Peter. Und Nelly ergänzt: *Ich bin ganz ruhig und habe Frieden.* Peter erzählt: *Es ist eine große Aufgabe für Eltern, Kinder anzunehmen und Kinder wieder abzugeben. Und das müssen wir lernen.* Und Nelly sagt: *Wir hatten eine gute Zeit und wir haben schöne Erinnerungen.*

Du bist mein Gott von meiner Mutter Schoß an (Psalm 22,11). Dieser Vers aus dem 22. Psalm steht als Tageslosung der Herrnhuter Brüdergemeine über Tabeas Todestag, dem 16. September 2004. Ein Teil dieses Psalms gehört auch zur Passionsgeschichte des Neuen Testaments, die zu einer Geschichte der Freude und des Jubels wird. Denn von Jesus wird berichtet, dass er nicht nur gekreuzigt wurde und starb, sondern auferstanden ist. Auch Nelly und Peter sprechen immer wieder davon, dass es für sie Trost ist, dass es ihrer Tochter jetzt besser geht. Und dass sie davon überzeugt sind, dass auch Tabea auferstehen und die ewige Gemeinschaft mit Gott erleben wird.

Am Nachmittag des 30. Septembers wird Tabea im Bethaus der mennonitischen Gemeinde verabschiedet. Fast alle Gemeindeglieder sind an diesem Tag gekommen. Ein Foto mit einer lachenden und fröhlichen Tabea steht auf dem Altar, so wie Nelly es sich gewünscht hat.

Nikolai Reimer erzählt in seiner Trauerpredigt von dem kurzen Leben der kleinen Tabea. *Die Großeltern hatten immer eine helfende Hand für die Eltern,* sagt Reimer. *Tabea sei ein fröhliches Kind gewesen, das viel gelacht habe,* zitiert die Neue Westfälische den Pastor. Er spricht darüber, wie herrlich Gott ist und wichtig es ist, ihn zu loben – auch angesichts dieser Situation. Kann dieser Gedanke die Eltern und die Familie in dieser Situation trösten und tragen? Hat er Nelly und Peter Hoffnung gegeben? Sie sind extra für zwei Tage aus Amerika nach Lemgo gekommen. In Baltimore wartet die schwerkranke Lea auf sie. Ob sie die Feier zwischen diesen Welten überhaupt bewusst wahrgenommen haben?

Tabea wird in einem weißen Sarg zu Grabe getragen. Nur die Familie ist dabei. *Für unsere liebe Tabea. Mama, Papa und Lea* steht auf der Schleife. Rosen mit weißen und rosafarbenen Blüten schmücken den Deckel. Der Friedhof an der Laubke, auf dem sie liegt, ist recht klein, etwas außerhalb der Stadt. Ganz in der Nähe von Nellys und Peters Zuhause. Tabeas Grab ist unter einer Birke, von einer Hecke geschützt. Die Sonne scheint, als Tabeas Sarg in die Erde gelassen wird. Und sie wird für sie nun nicht mehr untergehen. Das Leiden hat für sie jetzt ein Ende. *Für Christen sind dunkle Wolken nur der Schatten von Gottes Flügel*, sagt ein Freund der Familie.

Was Tabea sie gelehrt hat, frage ich Nelly und Peter. Ob sie ihnen eine Art Vermächtnis hinterließ, als sie starb. Das ist eine sehr persönliche Frage. Als ich sie ausgesprochen hatte, wird mir klar, dass das vielleicht nicht geht, weil Tabea nur ein Jahr alt wurde. Auch Nelly und Peter sind überrascht und erstaunt. Sie zögern einen Moment. Sie schauen sich an, und Peter antwortet, dass es die Fröhlichkeit und Lebensfreude ist, die Tabea jeden Tag ausgestrahlt hat. Sie haben mit ihren Kindern gelernt, bis zum Schluss zu kämpfen und anzunehmen, was kommt. Das macht ihr Leben sinnvoll, trotz aller Trauer. Manchmal haben ihre Mädchen sogar wie auf Knopfdruck gelacht, sagen beide.

Lea lebt

Lea hat die Trennung von ihrer Schwester überlebt. Die Spezialisten haben ihre Hirnhaut vernäht und den entnommenen Knochen in zwei Teilen an die Schläfen geschraubt. Die geweitete Haut bedeckt ihre große Wunde. Um das Gehirn zu schützen, bekommt sie einen festen Schutzverband. Sie wird auf der Intensivstation noch im künstlichen Schlaf gehalten und bekommt Medikamente gegen die Schmerzen und gegen epileptische Anfälle. Auf Herz-Kreislaufunterstützende Medikamente verzichten die Mediziner. Ihr Zustand ist kritisch, aber stabil. Dieser Satz klingt für einen Laien verwirrend. Tilmann Polster erklärt, wie er gemeint ist. Er sagt, diese Aussage beziehe sich auf verschiedene Zeiträume: *Kritisch* bedeute, dass Lea – auf einen längeren Zeitraum gesehen – das Gröbste noch nicht überstanden hat. *Stabil* meint, dass es zur Zeit keine Probleme und Komplikationen gibt.

So oft sie wollen, können Nelly und Peter zu ihrer Tochter, und trotz der vielen Schläuche finden ihre Eltern, dass sie gut aussieht. Lea muss noch vergleichsweise kleine Operationen über sich ergehen lassen. Knapp zwei Wochen nach dem Eingriff beginnt für sie schon die Physiotherapie. Und bereits einen Monat nach der Operation wird sie von der Intensivstation auf die Normalstation verlegt. Ihre Eltern können sie zum Füttern schon auf den Arm nehmen. Zehn Wochen nach der Trennung wird Lea aus dem Krankenhaus entlassen. Bis zum Rückflug lebt sie im Kinderhaus. Nelly und Peter versorgen ihre Wunde bald selbst.

Das kleine Mädchen wird noch Monate brauchen, um

sich von den Strapazen dieses schweren Eingriffs zu erholen. Sie macht nur langsam Fortschritte. Doch die sehen Nelly und Peter mit Freude. Lea und ihre Eltern brauchen viel Geduld. Und die haben sie auch.

Der vorschnelle Operationsabbruch hat seinen Tribut gefordert. Lea hat bleibende Schäden. Erste Untersuchungen nach der Trennung ergeben, dass das kleine Mädchen an einer sogenannten *Hemiparese*, einer leichten halbseitigen Lähmung, leidet. *Auf der linken Seite ist zwar etwas Bewegung zu beobachten, aber nicht viel spontane Aktivität. In einem solchen Fall kann das Gehirn aber einiges kompensieren*, erklärt Dr. Carson im STERN. Er ist zuversichtlich und hofft, dass Lea im Laufe der Zeit alle Gliedmaßen bewegen kann. Er setzt auf das medizinische Team in Deutschland. Ob sich jedoch die Feinmotorik wieder völlig erholt, ist nicht sicher.

Auch Leas Sehvermögen ist in Mitleidenschaft gezogen worden. Sie reagiert zwar auf Gesichter und kann ihre Augäpfel bewegen, doch die Ärzte wissen nicht, ob Leas Gehirn verstehen kann, was sie sieht. Ob sich ihre Sehfähigkeit wieder verbessert, kann Carson noch nicht sagen: *Das Gehirn kann sehr viel wettmachen. Aber gerade beim Sehen ist das sehr schwierig. Wir hoffen, dass noch ausreichend große Teile der Sehrinde intakt sind. Wie weit die Schädigung tatsächlich geht, werden wir abwarten müssen*, so der Neurochirurg.

Der Rückflug – das Ende einer langen Reise

Nelly und Peter bleiben ein halbes Jahr in Baltimore. Diese Monate waren hart für sie. Tabeas Tod, die wochenlange Sorge um Lea und ihre Pflege haben ihre Kräfte restlos aufgebraucht. Sie sind vollkommen erschöpft. Die Sehnsucht nach Hause zurückzukehren, ist riesengroß. Nach langem Warten geben die Ärzte die Erlaubnis, dass die Familie die Heimreise antreten darf. Am 7. Dezember 2004, morgens gegen 7.00 Uhr, landet die Boing 747 aus Washington auf dem Rhein-Main-Flughafen. Auf dem Rollfeld nehmen ihre Großeltern die kleine Lea freudig in Empfang und schließen sie in ihre Arme.

Die ganze Familie sitzt zum ersten Mal wieder zusammen. Sie erzählen und beten. Nelly und Peter werden einige Tage brauchen, um zu Hause wieder anzukommen und in ihren ganz normalen Alltag hineinzufinden. Nach und nach werden sie sich erholen.

Auch für Lea ist eine große und lange Reise zu Ende gegangen. Sie braucht noch viel Zeit, sich zu erholen. Auch sie genießt es, wieder daheim zu sein, denn sie wird ruhiger. Sie ist nicht mehr so ängstlich und voller Panik bei den kleinsten Geräuschen, sondern lacht und ist zufriedener. Nelly und Peter gewinnen langsam wieder ihr Vertrauen. Jeden zweiten Tag bekommt Lea eine Physiotherapie, und sie wird von Martin Bruns weiterbetreut. Die Lähmung ihrer linken Körperhälfte wird voraussichtlich nicht ganz verschwinden, aber ihren linken Arm und ihr linkes Bein bewegt sie schon wieder. In einigen Monaten soll sie auch krabbeln können. Mittlerweile gehen die Augenärzte davon aus, dass Lea auf beiden Augen das linke Sehfeld fehlt – sie bezeichnen es als *homonyme Hemianopsie.* Wenn sie ein Bild mit einer Blume betrachtet, wird sie sowohl mit dem rechten als auch mit dem linken Auge nur die rechte Seite der Blume sehen können.

Und wenn Lea sechs Jahre alt ist, werden die Ärzte auch feststellen können, wie stark die mentale Entwicklung des Mädchens durch die Operation beeinträchtigt und verzögert wurde.

Peter nimmt kurze Zeit nach ihrer Heimkehr seinen Beruf als kaufmännischer Angestellter wieder auf. Er arbeitet im Handwerksbetrieb seines Vaters, so ist es für ihn einfacher, sich um seine Familie zu kümmern.

Ob Nelly und Peter nach den Ereignissen und ihren Erlebnissen in Baltimore noch einmal in die USA reisen wollen? Überraschender Weise sagt Nelly: *Wir sind ‚Amerikaneutral', denn wir haben dort wunderbare Freunde kennen gelernt. Wir würden gern wieder hinfahren, aber nicht aus so einem Grund.*

Auch die Gemeinde freut sich über die Rückkehr der Eltern. Am dritten Adventswochenende feiern sie einen Dankgottesdienst, um ihnen einen schönen Empfang zu bereiten. Mehr als 800 Gemeindeglieder sind dazu gekommen. Die Eltern erzählen von ihrer Zeit in Baltimore und den bewegenden und schweren Momenten. Und sie sprechen ihren Dank aus. Pastor Reimer sagt, *wir haben Wunder erlebt.* Der Feier stellt er Verse aus dem Psalm 107 voran. *Danket dem HERRN, denn er ist freundlich und seine Güte währet ewiglich* (Psalm 107,1). Der Psalmbeter beschreibt eine Lage, in der sich auch Nelly und Peter befunden haben. Er war in Not, hat den Herrn angerufen und wurde erhört.

Ich glaube, es wird noch sehr hart für uns, wenn wir wieder zu Hause sind, sagt Nelly einige Zeit vor ihrer Rückkehr nach Deutschland. Erst seit sie und Peter nach Lemgo zurückgekehrt sind, haben sie begonnen, das zu verarbeiten, was sie seit der Geburt ihrer Zwillinge erlebt haben. Erleben mussten. Jetzt erst können sie Tabeas Tod betrauern, das betonen beide immer wieder. Zu sehr waren sie in Baltimore abgelenkt und beschäftigt. Hier in ihrer Heimat erinnert sie viel an Tabea und an die Zeit, in der auch Lea putzmunter war. Fast alle Spielsachen haben sie doppelt. Beide kommen nach und nach zur Ruhe. Nur langsam entstehen Bilder vor ihrem geistigen Auge, die sie lange verdrängt haben. Es steigen Erinnerungen auf, die schön und schmerzlich zugleich sind.

Nelly erzählt, dass sie mit Lea im Kinderwagen zum Friedhof geht. Dort schaut sie Fotos von Tabea an. Buchsbaum und Heidekraut schmücken jetzt ihr Grab. Das ist ihre Art zu trauern. Und wenn Lea und Dorothea größer sind, wird Nelly ihnen vielleicht auch hier von ihrer Schwester im Himmel erzählen. Davon, dass sie ihnen sehr fehlt und davon, was sie auf Erden noch gemeinsam erleben wollten. Vielleicht können sie das eines Tages nachholen. Und wenn Lea und Dorothea nach Tabea fragen, werden ihre Eltern ihnen geduldig Antworten geben. Auch nachdem der Schmerz über Tabeas Tod nachgelassen haben wird, wird sie das Leben dieser Familie bewusst oder unbewusst mitbestimmen. Gewiss auch als ein Teil ihrer Trauerarbeit beschließt Nelly, selbst ein Buch über das Leben ihrer beiden Töchter zu schreiben, als die Arbeit an diesem Buch bereits weit fortgeschritten ist.

Lea und Tabea in den Medien

Es ist Mittwoch, der 13. April 2005, kurz nach zehn Uhr abends. Gleich beginnt STERN TV. Auf diese Ausgabe bin ich besonders neugierig, denn heute sind Lea, ihre Eltern und die kleine Dorothea zu Gast bei Günther Jauch. Seit meinem Besuch in Lemgo hatte ich nur telefonischen Kontakt mit Nelly, und ich freue mich, sie alle wiederzusehen. Auch wenn es im Fernsehen ist. Ich bin gespannt, wie es Lea im Moment geht und wie sich ihre Schwester entwickelt. Viele Zuschauer sitzen erwartungsvoll vor ihrem Fernseher. Einige von ihnen haben in der Redaktion von STERN TV angerufen oder über das Internet nachgefragt, wann es wieder Bilder und Neuigkeiten gibt. Jetzt ist es soweit.

Ich mache es mir in meinem Sessel bequem und frage mich, wie Lea wohl auf ihre kleine Schwester reagiert. Im Studio ist es ruhiger geworden, um die beiden Mädchen nicht zu erschrecken. Nelly lacht fröhlich, als Günther Jauch die Familie begrüßt. Sie wirkt entspannt und hält Dorothea auf ihrem Arm. Links von ihr sitzt Peter mit Lea. Sie trägt ihre rosafarbene Mütze mit dem weißen Rand, die ich schon kenne, und wirkt recht müde. Günther Jauch spricht mit ihr und als sie merkt, dass es um sie geht, strampelt sie verlegen mit ihren Füßen.

Nelly und Peter ist die rote Couch, auf der sie sitzen, mittlerweile vertraut. Denn sie sind schon mehrmals im Kölner Studio gewesen. Beide sind sehr auf Lea und Dorothea konzentriert. Sie beschäftigen sich mit ihnen, streicheln sie und reden mit ihnen. Die Fragen von Günther Jauch nehmen sie beinahe nebenbei wahr und Nelly beantwortet sie in knappen Sätzen. Sie scheint an diesem Abend die Sprecherin für die Familie zu sein. Dorothea schreit zwischendurch lauthals, als wolle sie sich ebenfalls am Gespräch beteiligen.

Wie alle älteren Geschwister ist auch Lea eifersüchtig auf den Familienzuwachs und klagt die Aufmerksamkeit ihrer Eltern mit Geschrei regelrecht ein. Nelly und Peter hoffen, dass sich das bald geben wird. Tiefe Einblicke in das derzeitige Familienleben geben sie nicht, sondern behalten vieles lieber für sich. Trotzdem weiß jeder, wie die beiden mit ihren Kindern jetzt leben, und was sie mit ihnen erleben.

Ohne Frage ist Dorothea an diesem Abend der Star der Sendung und erobert die Herzen der Zuschauer im Sturm. Obwohl sie ihre Augen die meiste Zeit geschlossen hat, fühle auch ich mich in ihren Bann gezogen. Was sie wohl empfindet, wenn sie in einigen Jahren selbst diese Bilder sieht und von der Familiengeschichte hört, die geschah, bevor sie auf die Welt kam?

Der Auftritt dieser Familie dauerte nur wenige Minuten. Ein kräftiger Applaus und der Auftritt von Starkoch Tim Melzer entlassen sie wieder. Wann sie das nächste Mal bei STERN TV zu sehen sein werden, bleibt offen. Wenn es nach dem Wunsch der Zuschauer ginge, müssten sie noch viel häufiger auf die Fragen von Günther Jauch antworten. Doch ich habe den Eindruck, Nelly und Peter wünschen sich, dass in nächster Zeit keine Kameras, Objektive und Mikrofone auf sie gerichtet sind. Und das kann ich in ihrer Situation gut verstehen.

Als ich meinen Fernseher ausschalte und mir die zurückliegende Sendung noch einmal durch den Kopf gehen lasse, fällt mir auf, dass Nelly und Peter – im Vergleich mit früheren Fernsehauftritten – auf mich routinierter und souveräner gewirkt haben. Als sei es für sie zur Normalität geworden, vor laufender Kamera Interviews zu geben. *Man gewöhnt sich daran. Jetzt wissen wir einfach, wo wir hingehen und stehen müssen*, sagt Peter zu Henning Röhl. Ihr Selbstbewusstsein nahm fast von Woche zu Woche zu. Manche Beobachter sagen sogar, sie seien ungnädig geworden.

Henning Röhl erinnert sich noch gut an die ersten Auftritte der beiden bei STERN TV. Ihnen war anzumerken, dass sie unsicher und aufgeregt waren. Manchmal haben sie sich angeschaut, als wollten sie sich Mut zusprechen. Sie sind keine Profis. Doch das macht sie gerade sympathisch. In Henning Röhls Tagebuch am 26. Mai 2004 ist zu lesen: *Der letzte Auftritt bei STERN TV war sehr viel besser als der Vorhergehende. Nelly und Peter waren ohne ihre Töchter ins Studio gekommen und konnten sich mehr auf die Fragen konzentrieren. Beide antworten nicht nur mit einem Satz. Auch Dr. Bruns, der mit im Studio war, wirkt sehr kompetent. Was mir gefehlt hat, war ein Dank an die Zuschauer, die doch schon so viel gespendet haben. Ich hatte Nelly und Peter auch vorher darum gebeten. Nach dem Auftritt sagte Peter, dass sie einfach keine Gelegenheit gehabt haben. Die*

Bilder im Beitrag von Maritta Harff waren sehr eindrucksvoll. Sie dokumentierte den Abschied in der Lemgoer Gemeinde. Vorn waren die beiden Mädchen zu sehen, daneben Nelly und Peter. Alle ziehen an ihnen vorbei. Diese Bilder haben etwas würdevolles.

Durch die Berichterstattung wurde auch ihre mennonitische Gemeinde bekannt und für Journalisten interessant. Nikolai Reimer erzählt mir: *An manchen Tagen war fast das ganze Foyer unseres Bethauses von Kamerateams ‚belagert'. Es war mitunter schwer, an ihnen vorbei zu kommen, so viele waren es.* Ich habe den Eindruck, er ist ein klein wenig stolz auf die Anwesenheit der Medien, obwohl sie den Gemeindeablauf durcheinander brachten.

Der Exklusivvertrag mit dem STERN

Nelly und Peter schließen auf Vermittlung von Henning Röhl im März 2004 einen Exklusivvertrag mit dem Hamburger Nachrichtenmagazin STERN und STERN TV. Er endet sechs Monate nach der Trennungsoperation. Frank Ochmann vom STERN erklärt, was es mit diesem Vertrag auf sich hat: *Exklusivvertrag heißt, dass Nelly und Peter die gesamte Medienarbeit über uns laufen ließen. Das war ihr Wunsch, weil sie im Umgang mit der Presse keine Erfahrung hatten.* Damit verpflichtet sich das Ehepaar, ausschließlich mit dem STERN über ihr Familienleben und den Gesundheitszustand ihrer Töchter zu sprechen, sowie mehrere Fototermine wahrzunehmen.

Ich hatte immer das Gefühl, Peter und ich wurden

unheimlich viel gefragt, und im Vergleich dazu wurde sehr wenig gesendet. Die Sendezeit war immer sehr kurz. Aber die Quote war hoch, das ist gut, sagt Nelly im Gespräch mit Henning Röhl. Auch die behandelnden Ärzte dürfen die Fragen von STERN und STERN TV beantworten. Sie lassen auch Kameras in den Untersuchungsräumen zu. Nelly und Peter haben sie von ihrer Schweigepflicht gegenüber dem STERN entbunden.

Aufgrund dieses Vertrages ist es weder den Eltern noch den Ärzten gestattet, über Leas und Tabeas Befinden mit anderen Journalisten zu sprechen, denn dieser Vertrag hat einen Ausschließlichkeitscharakter: *Exklusiv heißt, kein anderer darf darüber berichten, und wenn, dann nur über uns*, sagt Frank Ochmann.

Als Gegenleistung für das alleinige Recht der Berichterstattung rufen STERN und STERN TV immer wieder zu Spenden auf. *STERN Spendenaktionen sind nichts Neues oder Ungewöhnliches. Jüngstes Beispiel ist unserer Aktion ‚Schulen helfen Schulen', bei der es um den Aufbau von Schulen in den vom Tsunami zerstörten Gebieten geht*, so Anette Lache.

Die Verhandlungen zwischen dem STERN und Henning Röhl verliefen sehr zügig. Ursprünglich hatte er die Geschichte auch einer öffentlich-rechtlichen Rundfunkanstalt angeboten. Diese ließ sich mit ihrer Entscheidung jedoch lange Zeit und sah Probleme bei den Spendenaufrufen, so wandte er sich kurzerhand an die Chefredaktion des STERN. Dort war man innerhalb von 48 Stunden bereit, einen Exklusivvertrag zu schließen. Dieser sah vor, dass Gespräche mit den Eltern im Regelfall in Anwesenheit von Henning

Röhl zu führen seien. Als Koordinator legte er Wert darauf, dass die Berichterstattung in angemessener Weise am Wohl der Kinder auszurichten sei und die religiösen Gefühle der Vertragspartner geachtet werden.

Durch einen solchen Vertrag kann leicht der Verdacht entstehen, STERN und STERN TV hätten sich exklusive Informationen gekauft und die Situation der Familie ausgenutzt. Ich spreche auch Anette Lache und Frank Ochmann bei meinem Besuch in Hamburg darauf an, und beide sind erstaunt über eine so laienhafte Frage. *Es ist ein gegenseitiges Geben und Nehmen. Wir haben die Geschichte dieser Familie bekannt gemacht und damit auch Spenden ermöglicht. Dafür bekamen wir den exklusiven Zutritt. Für die Eltern hatte das auch noch den Vorteil, nur mit einem Medium arbeiten zu müssen. So blieb das Leben der Familie vom Medienrummel weitgehend ungestört*, sagt Frank Ochmann.

Wie Nelly und Peter schlossen auch die Eltern von Benjamin und Patrik Binder Ende der 80er Jahre vor der Trennungsoperation ihrer Kinder einen Exklusivvertrag. Jedoch mit der Illustrierten BUNTE. Er wurde auf unbefristete Zeit abgeschlossen.

Der Exklusivvertrag brachte für Nelly und Peter in dieser Ausnahmesituation, in der ihre Nerven blank lagen, eine Erleichterung und Vorteile. Bis auf wenige Ausnahmen blieben sie verschont von Reportern, die ihnen in ihrem Garten oder vor der Haustür Fragen stellen wollten. Als Journalisten nach ihrer Rückkehr aus Baltimore mit ihnen über Lea sprechen wollten, hat Großvater Jakob Block Auskünfte gegeben. Dies war unvermeidlich, weil der Rückkehrtermin und die Adresse bekannt waren.

Nelly und Peter hatten sich gegenüber STERN und STERN TV verpflichtet, jederzeit Auskünfte zu geben. An manchen Tagen haben sie darunter gelitten, dass so viele fremde Menschen einen Einblick in ihr Privatleben bekamen. Dass sie persönliche Momente nicht allein erleben konnten, sondern mit anderen teilen mussten. Doch sie wussten auch, dass dies der Preis dafür sein würde, ihren Kinder zu helfen. Henning Röhl wies sie gelegentlich darauf hin, dass ein solcher Exklusivvertrag fast ein Verkaufen ihrer Seele sei. Aber nur so seien auch die vielen Vorteile zu bekommen gewesen.

So war es für Nelly und Peter besonders schwer, Fragen der Redakteure von STERN und von STERN TV zu beantworten, als sie lieber allein sein und schweigen wollten. Besonders nach Tabeas Tod und auch während der Operation war es für die Eltern extrem schwierig, mit Außenstehenden über diesen Moment zu sprechen.

Ob ich das schaffen würde, wenn es um meine Tochter ginge? Ich erinnere mich noch gut an die Beerdigung meiner Großmutter. Ich habe die Trauerpredigt an ihrem Grab gehalten und kann deshalb nachempfinden, wie es ist, öffentlich über den Verlust eines geliebten Menschen zu sprechen, während man selbst tief trauert. Deshalb empfinde ich Hochachtung und Respekt vor dem, was Nelly und Peter geleistet haben. Sie haben es geschafft, das, was sie in ihrem Inneren bewegt, nach außen sehr würdevoll zu tragen. Durch den Medien-Wirbel, der nicht zu vermeiden war, haben sie sich so wenig wie möglich beirren lassen. Im Gegenteil: Sie wirkten bei ihren öffentlichen Auftritten immer sehr ausgeglichen, beinahe als ruhten sie in sich selbst.

Im März 2005 schreibt Henning Röhl an Nelly und Peter: *Der Weg, den ich Ihnen damals vorgeschlagen hatte, die Berichterstattung durch ein Medium zu wählen, war sicher nicht falsch. Ich hatte schon das Gefühl, dass wir in irgendeiner Weise auch zu einer gewissen Schicksalsgemeinschaft zusammengewachsen waren.*

Einige Journalisten argumentieren, der STERN habe mit dem Vertrag Informationen für andere Medien blockiert. Frank Ochmann sagt: *Es gab den Vorwurf, wir hätten Informationen vom Johns Hopkins Hospital abgeblockt. Das ist Quatsch. Exklusiv war für uns nur der Zugang zu den Eltern, den Kindern und ihren deutschen Ärzten. Wer wollte, konnte sich also über die Internetseite des Johns Hopkins Hospitals oder auch über die dortige Pressestelle jederzeit informieren. Amerikanische Zeitungen zumindest haben das auch getan.*

Und nach der Erstveröffentlichung standen die Berichte anderen Medien zur Verfügung.

Günther Jauch verdient sich damit bestimmt eine goldene Nase! Das ist die erste Reaktion eines pensionierten Pfarrers, dem ich von den Fernsehauftritten der Familie Block erzähle. Im ersten Moment denke ich, dass er damit gar nicht so Unrecht hat. Mit dem Leid wird Geschäft gemacht. *Den Medien täte etwas noble Zurückhaltung gut,* schreibt DIE ZEIT am 16. September 2004.

Wollen Günther Jauch und seine Kollegen von STERN TV und vom STERN mit dieser Geschichte wirklich ein gutes Geschäft machen und viel Geld verdienen? Ich bin keine gute Finanzexpertin, aber ich kann mir nicht vorstellen, dass eine Berichterstattung mit Beiträgen und mehreren

Live-Interviews aus Baltimore finanziell lukrativ ist und einen großen Gewinn bringt. Ganz sicher ist sie eine gute Imagewerbung und eine ausgezeichnete Möglichkeit, Leser und Zuschauer über einen längeren Zeitraum an den STERN und STERN TV zu binden. Durch die einfühlsame und bewegende Berichterstattung haben STERN und STERN TV viele neue Freunde gewonnen.

Das erste Mal im STERN

Das erste Mal druckt das Hamburger Nachrichtenmagazin STERN in der Woche vor Ostern 2004 einen Bericht über die Zwillingsmädchen. Das Echo darauf ist enorm: *Die erste Geschichte über Lea und Tabea ‚So Gott will' haben 92 Prozent der vom Institut ‚Media Markt Analysen' befragten Leserinnen und 67 der Leser ganz beziehungsweise teilweise gelesen, die Titelgeschichte am 23. September über die Operationstage 93 Prozent der Frauen und 75 Prozent der Männer. Das ist seit 2001 die dritthöchste Quote im Bereich human interest-Geschichten,* erzählt Redakteurin Anette Lache. Auf der Internetseite des STERN haben mehr Nutzer auf die Links über Lea und Tabea zugegriffen als damals auf die Informationen über die Terroranschläge am 11. September 2001.

Eine Woche später sind die Eltern mit ihren Kindern zum ersten Mal bei Günther Jauch und STERN TV zu Gast. Lea und Tabea waren vom Scheinwerferlicht geblendet und etwas unruhig, doch sie haben sich innerhalb von wenigen Minuten die Gunst des Publikums erlächelt.

STERN und STERN TV sind bereit, diesen Mädchen ihre Aufmerksamkeit längere Zeit zu widmen – solche Langzeitreportagen sind selten. Fast fünfzehn Mal berichtet der STERN in längeren Berichten und ungefähr genauso oft STERN TV exklusiv über die siamesischen Zwillinge. Im September sind Nelly und Peter mit einem Foto, das Lea in ihrem Bett auf der Intensivstation zeigt, sogar auf dem Titelblatt des STERN. Und drei Monate später sind ihre Eltern Gäste bei Günther Jauchs Jahresrückblick *Menschen des Jahres 2004*. In dieser Sendung erzählen beide, dass sie in einigen Wochen wieder ein Baby erwarten. Eine Nachricht, die alle mit großer Freude aufgenommen haben. Auch eine STERN TV Reportage auf VOX erzählt über das Leben von und mit siamesischen Zwillingen. Der STERN hat die Informationen über Lea und Tabea auch unter der Internetseite www.stern.de ausführlich weitergegeben. Dennoch gab es auch kritische Stimmen: *Der Deal ist klar,* schreibt DIE ZEIT am 16. September 2004. *Der STERN sponsert den Eingriff in den USA, die Eltern verkaufen dafür den Blick durch das Schlüsselloch des Operationssaals.*

Für diese ausführliche Berichterstattung begleiten Anette Lache, ihr Kollege Frank Ochmann und die Fotografin Anne Schönharting die Familie Block fast ein ganzes Jahr lang. Eine Herausforderung auch für erfahrene Journalisten: *Es ist eher selten, dass wir eine Geschichte über einen so langen Zeitraum verfolgen,* sagt Frank Ochmann. *Ich war gespannt auf diese Aufgabe, fragte mich aber schon, was uns da wohl erwarten würde,* so der Redakteur weiter. Auch Maritta Harff und ihre Kollegen von STERN TV beobachten Lea, Tabea und ihre Eltern mit der Kamera auf ihrem schweren Weg. Sie haben auf diese Weise intensiv Kontakt zur Familie.

Die Berichterstattung im STERN weckt großes Medieninteresse. Nachrichtenagenturen und Zeitungen, Fernsehstationen und Radiosender melden sich beim STERN und bei Henning Röhl. Andere versuchen Nelly und Peter direkt anzuschreiben. Reinhold Beckmann schreibt: *Liebe Eltern von Tabea und Lea, Ihr Auftritt bei STERN TV hat mich noch in meinem Wunsch bestärkt, Sie beide in meine Sendung einzuladen, wann immer Sie dazu bereit sind. ... Ich ... würde mich sehr freuen, wenn wir in den nächsten Tagen einmal telefonieren könnten.*

Nicht nur in Deutschland, auch in Norwegen, Frankreich und anderen Ländern berichten die Medien über das Schicksal der beiden Mädchen aus dem westfälischen Lemgo. STERN und STERN TV haben die Berichte und Reportagen in die ganze Welt verkauft und das Ehepaar an den Erlösen beteiligt.

Das Interesse der Journalisten ist auch deshalb groß, weil es seit der Geburt von Benjamin und Patrik Binder aus Ulm 1987 der erste Fall in Deutschland war. Die beiden Jungen waren ebenfalls am Kopf miteinander verwachsen und wurden von Prof. Benjamin Carson operativ getrennt. Ihre Trennung glückte und beide überlebten. Die Zuschauer und Leser sind auch durch die Berichterstattung über Ladan und Laleh bereits für das Thema siamesische Zwillinge sensibilisiert worden. Über ihre Trennung wurde in vielen Ländern der Welt berichtet und ihre Fotos waren Ende 2002 bei den *Bildern des Jahres* zu sehen.

Bei Lea und Tabea hat alles harmlos mit einer Nachricht

der Deutschen Presseagentur (DPA) begonnen. Am zehnten September 2003 schreibt die DPA: *Siamesische Zwillinge in Münster geboren.* Diese Meldung ist nur wenige Zeilen lang, und noch ahnt niemand, dass das der Anfang einer langen und von vielen mit großem Interesse und Neugier verfolgten Mediengeschichte werden würde: Die Mediengeschichte von Nelly und Peter, Lea und Tabea, die – wäre es nach ihnen gegangen – eigentlich nie eine werden sollte.

Es ist wichtig, über Lea und Tabea zu berichten

Gehören zusammengewachsene Menschen (etwa) eingesperrt und die Schlüssel weggeworfen? Frei nach dem Motto ‚aus den Augen aus dem Sinn', um der Vorstellung einer perfekten und sorgenfreien Welt Rechnung zu tragen. So ähnlich fragt jemand in einem Internetforum. Während ich diesen Eintrag lese, geht mir ein Gedanke durch den Kopf: Sollen die Medien lieber nicht über Menschen wie Lea und Tabea berichten, weil wir bei Menschen mit einem Handicap lieber weggucken anstatt sie zu integrieren? Sollen Presse und Fernsehen schweigen, weil wir es tunlichst vermeiden, über Krankheit, Leid und Tod zu sprechen?

Frank Ochmann sagt in diesem Zusammenhang: *Natürlich wollten wir über Lea und Tabea berichten. Schon allein, weil siamesische Zwillinge so selten sind.* Damit handeln die Journalisten wohl gut jesuanisch, denn das Neue Testament erzählt, auch Jesus habe dafür gesorgt, dass Gelähmte, Blinde oder Verkrüppelte möglichst von vielen gesehen und wahrgenommen werden. Er solidarisiert sich auf diese

Weise mit ihnen und hat sie von dem Gefühl befreit, sich verstecken zu müssen. Jesus führt sie so aus ihrer Isolation und dem Alleinsein in die Gemeinschaft. Schon das kann nach biblischem Zeugnis zur Heilung beitragen – zumindest zur seelischen.

Je mehr die Medien über Menschen mit einem Makel berichten, umso leichter fällt es mir, Behinderte auch zu akzeptieren. Ich erinnere mich noch daran, als ich das erste Mal in einer Talkshow etwas über das Tourette Syndrom hörte, eine Erkrankung des Nervensystems, die auch zu psychischen Auffälligkeiten führt. Als ich einige Jahre später einen Tourette-Patienten in einem Restaurant traf, konnte ich besser mit ihm umgehen und hatte nicht das Gefühl, einem Monster zu begegnen. Je mehr Fernsehen und Zeitung über Menschen wie Lea und Tabea berichten, desto kleiner werden unsere Berührungsängste.

STERN und STERN TV berichten über eine äußerst seltene Behinderung, über die bisher nur wenig bekannt war. Sie wird auf diese Weise ins Bewusstsein der Öffentlichkeit gerückt. Gleichzeitig macht die Berichterstattung deutlich, wie weit die medizinische Forschung fortgeschritten ist und wie wichtig dieser Fortschritt für die Betroffenen sein kann. Solche Berichte zeigen aber auch, was derzeit noch nicht möglich ist oder nie möglich sein wird.

Die Weiterentwicklung der Medizin machte es notwendig, dass Nelly und Peter an den Grenzen des Lebens über ihre beiden Töchter entscheiden. Das kann Betroffene schnell überfordern. Berichte, die schildern, wie sie damit umgegangen sind, können anderen Betroffenen in ähnlichen Situationen helfen und ihnen die Entscheidung erleichtern.

Wie sehr neben aller Unterhaltung auch tiefgreifendere Inhalte zum Verständnis und zur Bewältigung von Lebensproblemen in den Medien gefragt sind, beschreibt eine STERN-Leserin: *Themen um Behinderung, Krankheit, Leid und Tod brauchen dringend mehr Aufmerksamkeit in unserer Gesellschaft.* Bernd Merz, Rundfunkbeauftragter der EKD, beobachtet Ähnliches: *Für mich ist dieses Comeback des Menschlichen im Fernsehen eine Bestätigung meiner Überzeugung, dass wir Menschen immer stärker nach Werten und Glauben fragen.* Bernd Merz bezeichnete die Berichterstattung von STERN und STERN TV als respektvoll und würdigt, dass die öffentliche Hilfsaktion des STERN von Christen angeregt wurde: *Ein Beispiel, dass Christen in den Medien Avantgarde sein können.*

Ergötzen sich die Zuschauer am Schicksal von Lea und Tabea?

Eine Frau schreibt beinahe stellvertretend für viele Leser und Zuschauer in einem Leserbrief an den STERN: *Keine sensationellen Bilder, die die Intimsphäre dieser Familie verletzten ... sondern leise Töne, behutsame Worte.* Doch auch ganz andere Rufe werden laut: *Schon die ersten siamesischen Zwillinge waren Jahrmarktsattraktionen. Daran hat sich bis heute nichts geändert. Die Masse will Monster und die Medien liefern willig Nachschub.* Ein harter Vorwurf an die Journalisten.

Hinter dieser Äußerung steckt die Vermutung, dass die Leser und Zuschauer nicht nur gerührt und betroffen sind, sondern angesichts des Schicksals von Lea und Tabea auch eine Art Freude empfinden und sich an ihrem Leid ergötzen. In diesem Zusammenhang fällt schnell das Wort Voyeurismus. Ich spreche auch die beiden STERN-Redakteure auf diesen Vorwurf hin an. Frank Ochmann sagt: *Wir haben dann versucht, möglichst neutral und beobachtend zu schreiben. Ohne Wertung vor allem. Trotzdem gab es eine extrem starke Anteilnahme bei den Lesern. Aber keine voyeuristische. Von der einen Seite kam sehr viel Mitgefühl und auch Bewunderung für die Eltern. Von der anderen Seite dagegen wurde deren frühe Entscheidung für das Leben der Zwillinge und gegen eine Abtreibung schroff abgelehnt. Doch selbst diese Leser haben dann den Mädchen für die Operation nur das Beste gewünscht.*

Anette Lache sagt: *Gleichzeitig müssen wir die nötige Distanz als Reporter wahren. Es gab einige Leser, die die Entscheidung der Blocks, die Kinder nicht abzutreiben kritisierten, vor allem aber nahmen die Menschen Anteil am Schicksal der Familie. Die Redaktion und auch Peter und Nelly Block direkt haben sehr viele entsprechende Briefe und Anrufe bekommen.* Mit ihrer Berichterstattung haben sie viel Betroffenheit und Mitgefühl ausgelöst. Doch erst, wenn die Betroffenheit zum Lustgewinn und zur eigenen Freude wird, würde ich von Voyeurismus sprechen.

Um die Tragweite und die Dimension der Ereignisse um Lea und Tabea zu verdeutlichen, ist es notwendig, mit der Kamera sehr nah an das Geschehen heranzugehen. Nahaufnahmen und emotionale Bilder ermöglichen die authentische Berichterstattung. Sie bewegen die Zuschauer und wecken ihre Neugier. Und das Gefühl der Neugier ist es, das die Menschen vor dem Fernseher hält und von dem jeder Journalist lebt. Deshalb sollte man nicht davon sprechen, dass die Medien den voyeuristischen Lesern und Zuschauern willig Nachschub liefern.

Die Reaktionen – unvergleichliche Anteilnahme

Nach jeder Ausgabe des STERN, in der wieder über Lea und Tabea berichtet wird, kommen Briefe in der Redaktion an. Viele sind an Nelly und Peter persönlich gerichtet. Auch einige Kinder schreiben oder malen Bilder, sogar Pakete mit Spielsachen sind dabei. Nach dem Tod von Tabea ist es besonders viel Post. *Ein Student hat einen Leserbrief geschrieben und beschrieben, wie er nach der Nachricht vom Tod von Tabea auf seinem Bett saß und weinte, weil ihm das so nahe gegangen war,* erzählt Anette Lache. Nicht nur in der Hamburger Redaktion des STERN tut sich viel. Frank Ochmann erzählt, Peter habe in Baltimore die E-Mails ausgedruckt, die an einem Tag im Johns Hopkins Hospital ankamen. Der Stapel war ungefähr fünf Zentimeter hoch. Gleichzeitig geht viel Post nach Lemgo in die Gemeinde oder zu Leas und Tabeas Großeltern. Auch einige Monate nach der Operation, vor allem nach Dorotheas Geburt, reißt der Strom der Briefe und E-Mails für die Familie nicht ab.

Frauen, vor allem Mütter sind am Schicksal der Mädchen aus Lemgo interessiert. Denn sie wissen, was es bedeutet, Kinder groß zu ziehen, und können sich daher am ehesten vorstellen, was es heißt, Lea und Tabea den ganzen Tag über zu betreuen. Mütter, die selbst ein behindertes Kind haben, berichten davon, wie sehr sie die Situation der Familie Block nachfühlen können.

Wie viele Briefe und E-Mails insgesamt geschrieben wurden und wie viele Anrufe für Nelly und Peter in Lemgo, Hamburg oder Baltimore eingingen, wurde von niemandem gezählt. Und konnte von niemandem gezählt werden, denn die Anteilnahme war unvergleichbar hoch. Nelly erzählt mir Ende Februar, sie habe bisher an die hundert Briefe gelesen. Die anderen bewahre sie erst einmal in einem Karton auf. Wann immer sie ihn hervorholt, er wird sie und ihren Mann stets daran erinnern, dass viele Menschen sie auf diesem schweren Weg in Gedanken begleitet haben.

Wie groß das Interesse an der Geschichte dieser beiden Mädchen ist, zeigt sich auch daran, dass mehrere Tausend Seiten unter dem Stichwort *Lea und Tabea* im weltweiten Web abrufbar sind. Und eine Krankenschwester in der Ausbildung will eine Facharbeit über Leas und Tabeas Trennung schreiben.

Als STERN und STERN TV das erste Mal über Lea und Tabea berichten, rechnet von den Verantwortlichen kaum jemand damit, dass die Reportagen eine solche polarisierende Wirkung haben werden. Denn geteilter und gegensätzlicher können die Meinungen nicht sein. Der größte Teil der Leser und Zuschauer empfindet ausgesprochen viel Mitgefühl und Anteilnahme für die Familie Block, obwohl er sie nur aus der Zeitung oder dem Fernsehen kennt und sie ihm im Grunde völlig fremd ist. Viele Menschen empfinden die Erschütterung und die Fassungslosigkeit über Tabeas Tod so stark, wie ich sie nur bei der Trauer um ein Mitglied aus meiner eigenen Familie empfinde. Eine Frau schreibt in einem Internetforum: *Bisher habe ich jeden Tag weinen müssen. Mich berührt das alles so sehr, und ich würde eure zwei Mädchen so gerne in den Arm nehmen und knuddeln. Jeden Tag denke ich an sie und überlege, was wohl gerade in Baltimore los ist ... Viele Gedanken sind bei euch, auch meine!*

Es scheint, einige Leser und Zuschauer identifizieren sich zeitweise so sehr mit den Zwillingen, dass sie die beiden Mädchen unbewusst als ihre eigenen Töchter betrachten. Damit haben sie Lea und Tabea, ohne dass sie es wollen, für sich vereinnahmt. Hängt diese große Anteilnahme vielleicht auch damit zusammen, dass beinahe alle dankbar darüber sind, selbst gesunde Kinder zu haben und nicht in der Haut von Nelly und Peter zu stecken?

Ich kann es kaum fassen ... Andere zeigen für das Verhalten von Nelly und Peter keinerlei Verständnis. Ganz im Gegenteil. Sie sind bestürzt über die Entscheidung der Eheleute und fragen ganz öffentlich, wie man den Kindern ein solches Schicksal antun kann. Sie bezeichnen die Eltern als *vom Glauben manipulierte Schafe* und als Verbrecher, deren *Verbrechen* zu einem Medienereignis gemacht werden. Sie äußern den Vorwurf, *diese Frau und die armen Kinder zahlen nun den Preis für egoistische Gottgläubigkeit*. Sehr offen drücken einige Internetnutzer und STERN-Leser ihren Unmut über das Verhalten der Zwillingseltern aus. Mich ärgert die verletzende Art und Weise. Ich habe den Eindruck, vor allem Menschen, die den christlichen Glauben der Eheleute nicht nachvollziehen können, gehören zu den strikten Gegnern und lehnen die Haltung der Eltern ab.

Große und kleine Spenden

Bitte leiten Sie den beigelegten Geldbetrag schnellstmöglich an die Eltern von Lea und Tabea weiter, so oder so ähnlich schreiben viele Leser und Zuschauer. Die Spendenaufrufe von STERN und STERN TV bleiben nicht ohne Wirkung. Viele überweisen, was sie entbehren können. Auch andere Medien erhalten Briefe. So ein Leser von Idea Spektrum: *Wir können nicht viel geben, aber doch wollen wir das Schicksal zeichenhaft mittragen. Bitte sorgen Sie dafür, dass hoffentlich noch mehr dazukommt.* Bald nach der Veröffentlichung des Spendenkontos gehen mehr als 200.000 Euro auf dem Konto des STERN ein. Und die Spendenbereitschaft nimmt auch lange nach der Trennungsoperation noch kein Ende. Zehn Cent von jeder an ihrem Kiosk verkauften Tasse Kaffee will eine Kölnerin spenden.

Die Spenden sollen helfen, die zu erwartenden hohen Kosten für die Operation und den Krankenhausaufenthalt in Baltimore abzudecken. Denn die deutsche Krankenversicherung ist nach geltendem Recht nicht verpflichtet, für die medizinischen Kosten bei einer Behandlung in den Vereinigten Staaten aufzukommen. Eine Operation in Deutschland oder einem anderen europäischen Staat hätte sie finanzieren müssen.

Die Welle des Mitgefühls macht auch vor den Verantwortlichen der Krankenkasse nicht halt. Nachdem die Geschichten von Lea und Tabea mit vielen Bildern durch die Medien ging und viele Menschen berührte, erklärt sich die Kasse schnell bereit, für die kostenintensive Operation in den USA aufzukommen. Sie veranschlagt zunächst eine

Gesamtsumme von rund 750.000 Dollar. Als die Verwaltung des Johns Hopkins Hospital in Baltimore aber eine Deckungszusage von weit mehr als einer Million US Dollar verlangt, scheint die Reise wenige Tage vor dem Abflug nach Amerika in Gefahr. Mehr oder weniger unter dem Druck der Öffentlichkeit geben die Verantwortlichen der Krankenkasse dann sehr kurzfristig nach.

Die vielen Spenden entheben Nelly und Peter ihrer finanziellen Sorge. Ihr Aufenthalt in den USA ist so abgedeckt. Ebenso Peters Verdienstausfall. Außerdem bestreiten sie damit die Reisekosten ihrer Familienmitglieder, ohne deren Hilfe sie in diesem halben Jahr in Baltimore nicht zurecht gekommen wären. Schließlich können so auch die Kosten für den Aufenthalt für die beiden deutschen Ärzte getragen werden, die Lea und Tabea in Baltimore mitbetreut haben.

Nach dem ersten Bericht über die Zwillinge in STERN TV meldet sich das Büro von Gesundheitsministerin Ulla Schmidt. Die Ministerin habe den Beitrag über Lea und Tabea gesehen und sei bereit, sich sofort für die beiden Mädchen und ihre Eltern einzusetzen, wenn es ihrer Hilfe bedürfe.

Diese spontane Bereitschaft aus so hohem Hause ist nicht außergewöhnlich. Das Ministerbüro teilt ebenfalls mit, Frau Schmidt sei auch bereit, die Eheleute und ihre Kinder zu Hause zu besuchen. Spielt hier vielleicht auch der Wunsch nach einem imageträchtigen Foto eine Rolle? Diese Vermutung steht mehr oder weniger unausgesprochen im Raum. Vorsichtshalber lehnten deshalb alle Beteiligten dieses Angebot dankbar ab.

Auch die Hilfe anderer Mitglieder der Bundesregierung

könnte sich als notwendig erweisen. Henning Röhl erzählt Christa Nickels, der Bundestagsabgeordneten der Grünen, noch vor der ersten Veröffentlichung im STERN von der bevorstehenden Reise der Familie in die USA. Es könne sein, dass Hilfe der deutschen Botschaft bei der Betreuung der Familie Block gebraucht werde. Frau Nickels sagt daraufhin zu, sich diskret und unbürokratisch um diese Angelegenheit zu bemühen. In einem Brief an den Bundesaußenminister Joschka Fischer schreibt sie: *Sehr geehrter Herr Außenminister, lieber Joschka, heute wende ich mich mit einem eher ungewöhnlichen Anliegen an dich. Die Kinder werden mit ihren Eltern wahrscheinlich Anfang Mai nach Baltimore fliegen und dort wohl mindestens ein halbes Jahr bleiben müssen. Anfangs werden sie von Journalisten begleitet, allerdings nicht für die gesamte Zeit. Deshalb wäre es schön und für die Eltern eine große Hilfe, wenn es einen Ansprechpartner in der deutschen Botschaft gäbe, an den sie sich vertrauensvoll wenden können, wenn sie Rat und Tat brauchen.*

Einige Wochen später meldet sich der Sozialattaché der Washingtoner Botschaft bei Henning Röhl und verspricht seine Unterstützung. Er weist auch auf Dr. Holger Roggelin hin. Er ist Pastor der Zions-Kirche in Baltimore und würde vor Ort mit Sicherheit zur Verfügung stehen. Auch die deutsche Botschaft sei in jedem Fall im Rahmen ihrer Möglichkeiten zur Hilfe bereit: *Wie besprochen hole ich Sie am 20. Mai 2004 mit einem VW Bus am Flughafen ab,* schreibt der Sozialattaché Michael Mersmann.

Bei der Ankunft der Familie Block auf dem Washingtoner Flughafen stand in der Tat das Botschaftsauto auf dem Rollfeld und holte die Eltern und ihre Kinder direkt von der Maschine ab. Alles lief sehr diskret ab, ohne Fotograf, ohne Presseerklärung und ohne den Hinweis: *Sagen Sie es möglichst vielen, wie wir geholfen haben.* Auch nach der Ankunft in Baltimore hielt Michael Mersmann weiterhin telefonisch Kontakt und bot immer wieder Unterstützung an.

Ähnlich unkompliziert verläuft die Zusammenarbeit mit den US-amerikanischen Behörden in Deutschland. Die amerikanischen Konsulate sind in der Regel nicht bereit, von ihren Vorschriften abzuweichen. Im Fall von Lea und Tabea erteilten sie die Visa jedoch völlig problemlos. Obwohl es nicht leicht war, die üblichen Formalitäten zu erfüllen. Allein schon, weil beide Kinder nicht auf ein Foto passten, sie aber auch nicht getrennt fotografiert werden konnten. Und dass dem Botschaftswagen gestattet wird, direkt auf das Rollfeld an die Lufthansa-Maschine zu fahren, hat selbst die Washingtoner Statthalter der Lufthansa überrascht. So müssen sich Nelly und Peter bei der Einreise in Washington nicht in die übliche Warteschlange einreihen.

Auch einige deutsche Unternehmen handeln schnell und unbürokratisch. Volkswagen und die deutsche Lufthansa reagieren beispielhaft. Nach seinem ersten Besuch in Lemgo schreibt Henning Röhl an die Kommunikationschefs beider Unternehmen und schilderte den Fall. Im Brief an VW heißt es: *Der Transport der Kinder ist schon heute in einem normalen PKW nicht mehr möglich. Der Vater hat festgestellt, dass das beste Fahrzeug für ihre Bedürfnisse ein Multivan ist. Um es kurz zu machen: Kann Ihr Haus da helfen?* Für VW ist es selbstverständlich, innerhalb von wenigen Tagen dieses Auto zur Verfügung zu stellen. Den Werbegrundsatz

Tue Gutes und rede drüber! lassen die Verantwortlichen vollkommen außer Acht. Im Gegenteil, aus beiden Häusern heißt es immer wieder: Wir helfen sehr gern, möchten aber nicht, dass das an die große Glocke gehängt wird.

Sehr kurzfristig bauen Mitarbeiter der Lufthansa das 2,30 mal 2,40 Meter große Patienten Transport Compartement (PTC) in die planmäßige Linienmaschine nach Washington ein. Der Einbau des Patientenabteils dauerte mehrere Stunden und verursacht, dass 12 andere Passagiere ihre ursprünglich gebuchten Sitzplätze nicht einnehmen können. Protest seitens dieser Fluggäste gibt es nicht. Eine Mitarbeiterin der Lufthansa erklärt ihnen sehr dezent die Situation. Und so spricht es sich an Bord relativ bald herum, wer mitfliegt. Die Lufthansa-Mitarbeiter sorgen für eine unkomplizierte Abfertigung beim Start der Maschine. Nelly, Peter und die Kinder werden mit einem Krankenwagen direkt von der Flughafenklinik an die Maschine gebracht. Während des achtstündigen Fluges schirmt das PTC die Kinder vor neugierigen Blicken ab, und eine von der Lufthansa gestellte Krankenschwester sorgt neben dem mitreisenden Arzt Dr. Tilmann Polster dafür, dass auch die medizinische Betreuung gesichert ist.

Ähnlich unkompliziert war es nach dem Tod von Tabea. Hinter den Kulissen sorgen Lufthansa-Mitarbeiter dafür, dass der Sarg mit den sterblichen Überresten von Tabea nicht in derselben Maschine nach Deutschland transportiert wird wie ihre Eltern. Auch Nelly und Peter werden sehr behutsam und Anteil nehmend behandelt.

Auch am 7. Dezember, als Nelly und Peter mit der immer noch sehr kranken Lea endgültig zurückfliegen, stellt die Lufthansa wieder das Patienten Compartment zur Verfügung. Nachdem die Maschine in Frankfurt gelandet war, haben die Mitarbeiter der Lufthansa nur einen kleinen Wunsch: Sie bitten die Familie um ein gemeinsames Foto vor der Maschine. Denn schon vom ersten Flug an machte jede Neuigkeit über die Mädchen bei den beteiligten Lufthanseaten die Runde. Sie alle verfolgten die Reportagen über Lea und Tabea in den Zeitungen und im Fernsehen. Untereinander sprachen einige sogar von *unseren Kindern.*

Henning Röhl bietet dem Kommunikationschef der Lufthansa an, einen Bericht über diesen einmaligen und für viele aufregenden Transport für das Bordmagazin zu schreiben. Dieser lehnt jedoch dankend ab. Es sei ausschließlich darum gegangen, Lea, Tabea und ihren Eltern zu helfen und nicht darum, Werbung für die Lufthansa zu machen.

Nach dem Bericht in der Osterausgabe des STERN meldet sich eine Leserin und macht auf das Pharmaunternehmen ratiopharm aufmerksam. Diese Firma werbe seit einiger Zeit mit einem Zwillingspaar für ihre Produkte. Es habe sogar eine große Fernsehshow mit Unterstützung dieses Konzerns gegeben, in der sich an die hundert Zwillinge präsentieren konnten. Was lag also näher, als auch in diesem Hause um Hilfe zu bitten. Henning Röhl hatte schon vor dem Anruf der engagierten Leserin einen Brief an den Vorstandsvorsitzenden des Unternehmens geschrieben. Eine Antwort ließ jedoch auf sich warten.

Die besagte STERN-Leserin wurde ungeduldig. Sie erkundigte sich selbst bei dem Pharmaunternehmen, was aus ihrem Vorschlag geworden sei. Die Marketingleiterin hielt es nicht für ausgeschlossen, dass ratiopharm den Zwillingsmädchen aus Lemgo hilft.

Auch Henning Röhl rief die Marketingleiterin an und erkundigte sich nach dem Verbleib seines Briefes an den Vorstandsvorsitzenden. Sie teilte ihm mit, die Sekretärin sei im Urlaub, sie werde sich jedoch bald wieder melden. Tatsächlich kam die Antwort dann recht schnell: Nein, man könne nicht helfen. Denn es sei nicht sicher, dass die Operation in Amerika wirklich glückt. Und wenn den Kindern etwas passiert, würde das die gesamte Zwillingskampagne von ratiopharm entwerten. Solche Fälle gab es auch. Glücklicherweise bleiben sie die Ausnahme.

Die Geschichte einer großen Hilfsbereitschaft

Insgesamt war die Hilfsbereitschaft jedoch riesengroß. Die Familie hat von vielen Seiten Angebote bekommen, die sie gar nicht annehmen konnte. Sie werden sogar in ein Ferienhaus nach Ostfriesland eingeladen. So hätte die Spendenbereitschaft auch noch lang angehalten, wenn STERN und STERN TV weiter um Spenden gebeten hätten. Die Spendenaufrufe wurden jedoch bald eingestellt, da die Zusage der Kostenübernahme durch die Krankenkasse die materiellen Sorgen geringer werden ließ. Viele Menschen zogen an einem Strang und wollten zusammen anpacken, weil es darum ging, das Leben zweier kleiner Menschen zu verbessern und auch ihren Eltern zu helfen.

Nelly und Peter sind bis heute sehr froh und dankbar über die großzügige Hilfsbereitschaft, die sie erfahren haben. Ohne diese Unterstützung, ohne das Mitgefühl vieler Menschen wäre es für sie wahrscheinlich nicht möglich gewesen, ihren Kindern die nötige Hilfe angedeihen zu lassen. Für jede noch so kleine Spende, aber auch für die unzähligen Gebete, die in Deutschland und anderswo gesprochen wurden, sind sie unbeschreiblich dankbar. Sie konnten bislang nicht darauf reagieren und sich persönlich bedanken. Sie haben es pauschal im Fernsehen und im STERN getan. Nelly sagt, ihr und ihrem Mann sei es vor allem wichtig, denjenigen zu antworten, die Glaubensfragen an sie herantragen. Wenn ein wenig Zeit verstrichen sei, wollen beide das auch tun. Im Moment nehmen sie die immer noch nicht ganz gesunde Lea und ihr neues Baby Dorothea zeitlich voll in Anspruch.

Aber wohl keiner von denen, die geholfen haben, erwartet etwas, was Nelly und Peter im Moment nicht leisten können. Sie freuen sich, dass es Lea immer besser geht. Die Geschichte von Lea und Tabea ist nicht nur eine Geschichte, die von viel Schmerz, Leid und Trauer erzählt, sondern auch die Geschichte einer großen Hilfsaktion in Deutschland.

Wer entscheidet, wem geholfen wird?

Viele Patienten, die aus Kostengründen auf eine medizinische Behandlung verzichten oder sie aus ihrer eigenen Tasche zahlen müssen, stehen dieser Hilfsbereitschaft möglicherweise skeptisch gegenüber: Wer sucht diejenigen aus, die in der Öffentlichkeit um Hilfe bitten können? Sind es die Zuschauer oder die Fernsehverantwortlichen? Ist hier nicht eine gewisse Willkür zu beobachten? Welche Krankheit ist so selten oder kompliziert, dass über sie berichtet wird? Wie krank muss man sein, um über die Medien Hilfe zu bekommen?

Das sind kritische Fragen. Sie lassen sich nur mit einer Beobachtung beantworten: Auch wenn die Auswahl willkürlich scheint und ganz sicher einige andere benachteiligt, im Fall von Lea und Tabea sind es vier Menschen, die jetzt besser leben können, und die aus dem Tal der Hoffnungslosigkeit und Resignation herausgefunden haben. Wenn ihnen geholfen werden konnte, ist dieses Verfahren gerechtfertigt. Ich hoffe, dass das viele so sehen.

Die behandelnden Ärzte

Die operative Trennung von siamesischen Zwillingen ist für die Ärzteteams nicht nur mit hohem Risiko verbunden und setzt viel Erfahrung voraus. Sie gehört auch zu den spektakulärsten Operationen überhaupt. Da auch Ärzte nur Menschen sind, sonnen sie sich gern in dem Ruhm, den ihnen eine solche Operation einbringt. Dr. Benjamin Carson ist in den USA und weit darüber hinaus ein bekannter Arzt. Über die Trennungsoperation von Lea und Tabea wurde weltweit in den Medien berichtet. Carson spielte in diesem Zusammenhang immer eine wichtige Rolle. In seiner Klinik sah man das nicht ungern. Das Johns Hopkins Hospital nimmt Jahr für Jahr in den Rankings amerikanischer Kliniken einen der vorderen Plätze ein. Es verfügt über einen ausgezeichneten Ruf, den man auch gern öffentlich pflegt, denn von den Behandlungskosten der Patienten allein kann ein solches Krankenhaus nicht leben. Man ist auf Spenden angewiesen, und je besser der Ruf, desto freizügiger die Spender.

Oft ist es aber nur der Drang nach öffentlicher Anerkennung und Bekanntheit, der Ärzte dazu bringt, sich um solche Operationen zu reißen. Die erste STERN-Reportage über Lea und Tabea wurde auch in der großen französischen Illustrierten *„Paris Match"* veröffentlicht. Ein Pariser Neurochirurg meldete sich daraufhin bei Nelly und Peter. Er bot seine ärztliche Hilfe an: *Ich möchte so schnell wie möglich mit den deutschen und den amerikanischen Ärzten in Baltimore in Kontakt treten, um Erfahrungen auf diesem neurologischen Operationsfeld auszutauschen.* Er sei fest davon überzeugt, dass ein solcher Erfahrungsaustausch die Operationschancen wesentlich verbessern werde. Es verstehe sich von selbst, dass sein Beitrag bei der Operation kostenfrei sei.

Nelly und Peter reagierten auf dieses Angebot nicht. Sie hatten von Benjamin Carson gelesen, von seinem guten Ruf gehört und den Entschluss gefasst, die Trennungsoperation in Baltimore durchführen zu lassen. Umso größer war ihr Erstaunen, als Dr. Carson am 31. Mai bei seiner ersten Visite und seiner Begrüßung von Eltern und Kindern im Kinderhaus des Johns Hopkins Hospitals in Begleitung des besagten französischen Arztes erschien. Als Vertrauter der Eltern hatte er sich bei Carson vorgestellt. Die Wahrheit kam schnell ans Tageslicht, und es dauerte nicht lange, bis er wieder nach Paris zurückfliegen musste. *I believe he has disappeared into the sunset,* meinte Carsons Assistentin Carol einige Tage später.

Zu der Reisegesellschaft, die am Pfingstsonntag 2004 von Frankfurt nach Washington flog, gehörte auch ein Bielefelder Neurochirurg. Lea und Tabea waren im Januar in seiner Klinik untersucht worden. Er hatte damals kurz mit den Eltern gesprochen. Beim ersten Interview in STERN TV sah man sich im Studio wieder. Ein großes Vertrauensverhältnis war nicht entstanden. Wohl auch, weil er viele Interviews gab und Hintergrundgespräche mit Journalisten führte.

Die in Bielefeld erhobenen diagnostischen Daten wurden

auf Wunsch von Nelly und Peter und des behandelnden örtlichen Kinderarztes Dr. Bruns ins Johns Hopkins Hospital übermittelt. Es entwickelte sich ein reger Mailverkehr zwischen allen beteiligten Ärzten. Auch die Bielefelder Klinik gehörte dazu.

Die Eltern wollten, wie gesagt, von Anfang an, dass ihre Kinder in den USA operiert werden. Die Bielefelder Ärzte sahen auch eine Chance, die Operation in ihrem Haus vorzunehmen. Der zuständige Chefarzt befragte andere Direktoren Neurochirurgischer Universitätskliniken in Deutschland. Fast alle bejahten seine Anfrage: Es sei auch in Deutschland möglich, eine solche Operation durchzuführen. Auch Dr. Carson, der schriftlich eingeladen wurde, sich an einer Operation in Deutschland zu beteiligen, bestätigte die Aussage seiner deutschen Kollegen. Aufgrund der besseren Logistik sei es ihm jedoch lieber, die Operation in seiner Klinik in Baltimore stattfinden zu lassen. Die Geschäftsführung des Bielefelder Krankenhausträgers sah das Ganze sehr ambivalent: Für den Ruf der Klinik wäre es gewiss nicht schlecht, wenn eine solche Operation hier stattfände. Was aber wäre, wenn dieser so risikoreiche Eingriff missglückt? Euch fehlt die Erfahrung, würden dann viele sagen. Eltern und Kinder hätten doch besser in die USA gehen sollen.

Unabhängig von solchen Überlegungen gab es für Nelly und Peter keine Alternative. Der deutsche Chefarzt erklärte sich bereit, mit in die USA zu reisen, was seinen Krankenhausträger nicht traurig stimmte. Andererseits sah die Krankenhausleitung darin aber eine Reihe von Problemen, denn wenn ein deutscher Arzt sich an einer Operation in

Amerika beteiligt, muss er versicherungsrechtlich abgesichert sein. Die amerikanische Klinik würde dies nicht tun. Die deutsche Klinikleitung hatte also Probleme, eine entsprechende Versicherung zu einem angemessenen Preis zu finden. Denn deutsche Versicherungen schrecken vor den hohen Schadensersatzforderungen zurück, die in Amerika üblich sind.

Am 11. Mai 2004 fand noch einmal ein Gespräch der beteiligten deutschen Ärzte mit den Eltern in Bielefeld statt. Es ging auch darum, Vertrauen aufzubauen, denn ohne persönliches Vertrauen sollte eine solche Operation nicht in Angriff genommen werden. Das räumten alle ein. Offensichtlich gelang es nicht, diese Vertrauensbasis wirklich herzustellen. Die Eltern und der behandelnde Kinderarzt wollten schon die notwendige Hauterweiterung nicht in Deutschland vornehmen lassen. Den amerikanischen Partnern war das sehr recht, denn die Hauterweiterung ist ein wichtiger Bestandteil der Operationsvorbereitung. So kam es zu der relativ kurzfristigen Abreise aus Deutschland am Pfingstsonntag 2004.

Mit an Bord der Lufthansa-Maschine waren neben der Familie Block, zwei STERN Reportern und der STERN-Fotografin ein Drei-Mann-Team von STERN TV, Dr. Polster sowie Henning Röhl als Koordinator. Zwei Tage vor dem Abflug hatte sich der deutsche Neurochirurg, der zu diesem Flug nicht gesondert eingeladen war, bei der Lufthansa gemeldet. Er solle die Kinder operieren und müsse deshalb auf jeden Fall mitfliegen. Auch für ihn hatte die Lufthansa dann einen Platz.

Als der deutsche Chefarzt am 31. Mai erfuhr, dass sich ein französischer Kollege bereits in das Team von Ben Carson eingegliedert habe, wurde er nervös. Er versuchte, Informationen über diesen Pariser Arzt zu bekommen und trug schließlich mit dazu bei, dass dieser kurzfristig nach Frankreich zurückflog.

Zwei Tage nach der Ankunft in Baltimore, am 1. Juni um 17:00 Uhr fand die erste Besprechung des gesamten Ärzteteams im Johns Hopkins Hospital statt. Dr. Carson informierte am nächsten Tag die Eltern über dieses Gespräch. Er stand außerdem STERN und STERN TV zu ausführlichen Interviews zur Verfügung. Auch sein deutscher Kollege war bei diesem Gespräch zugegen. Er kümmerte sich immer dann besonders um die Kinder, wenn die Kamera aufzog.

Es war für jeden der Beteiligten schon zu diesem Zeitpunkt offensichtlich, dass hier das notwendige Vertrauensverhältnis zwischen Eltern und Arzt nicht bestand. Mit dazu beigetragen haben auch immer wieder Medienberichte außerhalb von STERN und STERN TV. So mussten Nelly und Peter, schon Wochen bevor sie in die USA flogen, aus ihrer örtlichen Zeitung erfahren, wer aus Bielefeld an der Operation in Baltimore teilnehmen werde: *Vier Ärzte helfen, Zwillinge zu trennen – Bielefelder Team vor schwieriger Aufgabe*, so stand es in der Neuen Westfälischen vom 4. Mai. Auch die Namen dieser vier Ärzte wurden genannt, allerdings räumte die Zeitung ein: *Noch steht nicht hundertprozentig fest, dass wirklich diese vier Ärzte mitfliegen.*

Von vier Ärzten war schon wenig später nicht mehr die Rede, und auch der eine blieb dann noch auf der Strecke. Nicht, weil die Amerikaner es so wollten. Auch nicht, weil der Bielefelder Krankenhausträger die Versicherungsprobleme für unüberwindlich ansah, sondern letztlich, weil sich das Vertrauensverhältnis zwischen Eltern und Arzt nicht hatte einstellen wollen. Immer wieder hatten Nelly und Peter Dinge aus der Zeitung oder aus dem Radio erfahren, von denen sie vorher nichts wussten. Immer wieder fühlten sie sich als Objekte, die für die Imagepflege anderer herhalten mussten. Verwandte in Lemgo erzählten ihnen, als sie schon mehrere Wochen in Amerika waren, WDR 2 habe den 11. September als Operationstermin genannt. Nelly und Peter wussten nichts davon. Das Westfalenblatt meldete am 18. Juni *Trennungsoperation am 11. September* und die Neue Westfälische am selben Tag: *Die OP muss wie ein Uhrwerk laufen*. Offensichtlich nach einem Besuch beim Bielefelder Arzt meinte diese Zeitung dann auch: *Auf den 60-Jährigen wartet die größte Aufgabe seiner Karriere.*

Eine Woche später, nachdem Nelly und Peter diese Zeitungsberichte gelesen hatten, schrieben sie in einer Mail: *Wer weiß, was noch alles nachher erzählt wird*. Sie befürchteten eine falsche Berichterstattung nach der Operation und fassten einen Entschluss, der ihnen sehr schwer fiel. Sie trugen ihn mehrere Tage mit sich herum. Am 8. Juli schrieben sie eine Mail an den Bielefelder Arzt: *Wir haben absolut kein Vertrauen mehr zu Ihnen und werden diese Entscheidung auch Dr. Carson mitteilen*. Es folgte ein unerfreulicher Briefwechsel, doch stand die Entscheidung von Nelly und Peter unabänderlich fest: Sie vertrauten allein Dr. Ben Carson und seinem Team.

Carson war voller Verständnis auf sie zugegangen. Von ihm fühlten sie sich verstanden und aufgenommen, und in seine Hände wollten sie das weitere Schicksal von Lea und Tabea legen. Nelly und Peter haben sich diese Entscheidung nicht leicht gemacht. Sie haben darunter gelitten, aber sie wollten sich auch nicht länger dadurch quälen lassen: *Wir haben genug Sorgen und brauchen die Kraft, um uns auf die schwere vor uns liegende Zeit vorzubereiten,* schrieben sie an den Bielefelder Neurochirurgen. Und am 21. August bekräftigen sie dies noch einmal: *Wir bitten Sie höflich, unsere Entscheidung zu respektieren.*

Das amerikanische Chirurgenteam war also unter sich. Die beiden Kinderärzte aus Lemgo und Bielefeld waren abwechselnd als Dolmetscher und Vermittler zwischen dem Carson-Team und den Eltern dabei und nicht die anderen deutschen Ärzte, deren Namen sehr vorschnell öffentlich gehandelt worden waren. Der Öffentlichkeit in Bielefeld musste jetzt, möglichst ohne Gesichtsverlust erklärt werden, wie es zu dieser Entscheidung gekommen war. Die Klinikpressestelle verteilte einen Text: *Die Ärzte-Teams ... nehmen an der Trennung der siamesischen Zwillinge in den USA nicht teil. ... Die Spezialisten sehen sich unüberwindbaren Schwierigkeiten ausgesetzt, vor allem terminlichen, arbeitsrechtlichen und versicherungstechnischen Hindernissen.*

Das Westfalenblatt meldete am 8. September lapidar: *Zwei Bielefelder Ärzte sagen ab,* und die Neue Westfälische, die in den Wochen zuvor sehr viel ausführlicher berichtet hatte, obwohl sie nur ein einziges Gespräch mit den Eltern führte, berichtete auch jetzt sehr viel umfangreicher. Sie zitierte zunächst die Klinik-Pressestelle: *Gerüchten, die Eltern hätten das Bielefelder Ärzteteam abgelehnt, trat Bethel-Pressesprecherin Silja Harrsen energisch entgegen: „Das stimmt definitiv nicht ..."* Harrsen *vermutet: „Die angebliche Unzufriedenheit der Eltern wurde eventuell von den Ame-*

rikanern inszeniert." Hintergrund: Carson gilt als renommierter Arzt bei der Trennung siamesischer Zwillinge. Es geht bei jeder dieser Operationen auch um viel Renommee. Da ist deutsche Konkurrenz unerwünscht. Die NWZ zitiert schließlich das „Umfeld" des Bielefelder Chefarztes. *Da wurde alles versucht, das deutsche Team aus der Geschichte heraus zu bekommen. Es habe „atmosphärische Störungen" gegeben.*

Zwei Tage später klang das in der bundesweiten BILD-Ausgabe unter der Überschrift *Krieg der Ärzte vor der Sensations-OP* noch dramatischer: *Ausgerechnet jetzt tobt ein Ärztekrieg um die Behandlung der Kinder! Völlig überraschend lehnt Chefarzt Professor Dr. Benjamin Carson die Mithilfe eines Ärzteteams aus Bielefeld ab. Diese fünf Deutschen hatten die Kinder seit einem Jahr in Deutschland betreut, waren mehrfach zu Voroperationen nach Baltimore gereist – und das teilweise in ihrer Freizeit und auf eigene Kosten. Umso schmerzhafter der kurzfristige Rauswurf. Als Begründung wurde angeführt, die Eltern der Zwillinge hätten nicht mehr das notwendige Vertrauen in die deutschen Ärzte. Das bestreitet die Klinikleitung in Bielefeld: Das stimmt definitiv nicht.* Soweit aus dem Artikel von BILD vom 10.11.2004.

Neben der Geschichte von Lea und Tabea gibt es also auch ein gesondertes Ärztekapitel. Ben Carson weiß sicherlich nicht, was ihm und seinem Team in Deutschland vorgeworfen wurde. Er hatte im Gegenteil noch Mitte August, als klar war, dass der Bielefelder Neurochirurg von den Eltern nicht erwünscht war, versucht einen anderen deutschen Neurochirurgen zu der Operation einzuladen. Dazu war es dann aber nicht gekommen. Ihn hätten im Übrigen solche Berichte, falls er sie denn überhaupt zur Kenntnis bekommen hat, auch nicht sonderlich gestört. Denn er wusste ja: Sie stimmten definitiv nicht.

Lea und Tabea –
zwei wichtige und wertvolle Menschen

Nelly und Peter gaben ihren Töchtern biblische Namen: Ihre Namensgeberinnen sind bedeutende Frauen in der jüdischen und christlichen Tradition. Das Alte Testament (1. Mose 29 u.a.) erzählt von Lea, das heißt übersetzt „Wildkuh". Sie ist die älteste Tochter von Laban. Lea kann mit der Schönheit ihrer Schwester Rahel nicht konkurrieren: *Leas Augen waren ohne Glanz, Rahel dagegen war schön von Gestalt und Angesicht* (1. Mose 29,17).

Jakob aber ist Rahel zugetan. Rahel tränkt gerade die Schafe ihres Vaters, als sie Jakob kennen lernt. Es ist Liebe auf den ersten Blick. Bevor Jakob sie heiraten darf, muss er mit Laban einen Dienstvertrag schließen. In diesem Vertrag ist festgelegt, dass er sieben Jahre als Knecht in seinem Haus arbeitet. Jakob liebt Rahel jedoch so sehr, dass ihm diese Jahre wie wenige Tage vorkommen.

Der Tag der Hochzeit naht. Nach dem Festmahl mit allen Leuten aus dem Ort gibt Laban seinem Schwiegersohn nicht wie vereinbart Rahel für die Brautnacht, sondern Lea. Jakob bemerkt erst am nächsten Morgen den Betrug. Er stellt seinen Schwiegervater zur Rede und dieser erklärt ihm: *Es ist hierzulande nicht üblich, die Jüngere vor der Älteren zur Ehe zu geben* (1.Mose 29,26). Laban nutzt Jakobs seelischen

Zustand aus und bietet ihm an, dass er auch Rahel zur Frau bekommt, wenn er weitere sieben Jahre in seinem Hause unentgeltlich arbeitet. Mit knirschenden Zähnen tut Jakob, was von ihm verlangt wird.

Durch diesen Betrug ist Lea Jakobs Erstfrau. Sie hat Anspruch auf einen besonderen Status in der Familie. Doch Jakob bevorzugt Rahel – sie ist Zeit ihres Lebens seine Lieblingsfrau. Lea – die Erste und Ältere setzt er zurück. Sie ist die Nummer zwei. Gott verändert diese menschlichen Maßstäbe und gibt Lea eine größere Bedeutung. Denn sie bekommt im Gegensatz zu ihrer Schwester, die lange unfruchtbar ist, sieben Kinder. Aus ihren sechs Söhnen gehen wichtige Stämme des späteren Volkes Israel hervor. Juda ist der bedeutendste unter ihnen. Denn einer seiner Nachkommen ist der König David. Er regiert Israel 40 Jahre. In dieser Zeit vergrößert er sein Land, baut Jerusalem zu einer mächtigen Hauptstadt aus und steigert den Reichtum des Volkes. Für die christliche Tradition ist wichtig, dass auch der Stammbaum Jesu auf Lea zurück geht. Sie ist mit ihm verwandt – eine Vorfahrin.

Rahel wird erst sehr viel später schwanger als Lea. Bei der Geburt ihres zweiten Kindes stirbt sie. Auch ihre beiden Söhne Josef und Benjamin sind für das spätere Volk Israel entscheidend. Leas und Rahels Namen werden deshalb in einem jüdischen Brautsegen erwähnt: *Der Herr mache deine Frau wie Lea und Rahel, die das Haus Israel gebaut haben* (Rut 4,11).

Lea ist im Familiengrab neben dem Erzvater Abraham und seiner Frau Sarah bestattet – in der Höhle Machpela, in der Nähe von Hebron (1.Mose 49,31). Diese Grabstätte ist das erste Stück Land, das Abraham für das Volk Israel im gelobten Land gekauft hatte. Wer dort begraben wird, hat in der jüdischen Tradition große Bedeutung.

Tabea bedeutet „Gazelle". Es ist die lateinische Übersetzung des Namens Tabita. Die Apostelgeschichte berichtet von ihr, dass sie in Joppe lebt, einer Hafenstadt am Mittelmeer. Sie ist die einzige, die im Neuen Testament als Jüngerin bezeichnet wird. Ich deute das als Anerkennung für Tabitas Arbeit. Denn sie kümmert sich um Witwen, verwaiste Kinder und trauernde Menschen. Sie näht ihnen Kleider und versorgt sie mit Lebensmitteln. So garantiert Tabita ihnen das Überleben. Eine finanzielle Absicherung wie heute gibt es in der damaligen Zeit nicht.

Sie leistet nicht nur materielle Unterstützung, sondern sie steht den Hinterbliebenen in ihrer Trauer bei und hilft ihnen, den Verlust eines geliebten Menschen zu verarbeiten. Bei ihren Glaubensgeschwistern und in Joppe ist sie deshalb sehr beliebt. Um so größer ist der Schmerz, als Tabita krank wird und stirbt.

Unmittelbar nach ihrem Tod bitten die Trauernden den Apostel Petrus zu Tabita zu kommen. Als er in Joppe eintrifft, führen sie ihn in das Zimmer, in dem Tabita aufgebahrt ist und zeigen ihm die Kleider, die sie gefertigt hat. Das ist ein Zeichen dafür, wie wichtig sie war. Alle, die sich zur Totenklage versammelt haben, schickt Petrus aus dem Raum. Niemand soll sehen, was gleich geschehen wird. Er kniet nieder und betet. Dann spricht er Tabita an: *Steh auf!* Durch die Kraft seines Glaubens wird sie auferweckt. Petrus gibt ihr die Hand und hilft ihr, sich aufzurichten. Dieses

Wunder verbreitet sich in der ganzen Gegend wie ein Lauffeuer (Apostelgeschichte 9,36-43).

Ob sich diese Szene wirklich so abgespielt hat, kann heute niemand sagen. Ich will sie auch nicht anzweifeln. Das Wichtigste für mich ist, dass Tabita zur Hoffnungsträgerin wird – bis heute. Eine Beratungsstelle mit Namen „Tabea e.V." beruft sich auf diese Erzählung. „Tabea e.V." betreut Eltern, die ein Kind verloren haben. Eine Mitarbeiterin der Beratungsstelle erklärt mir, warum die biblische Tabita für ihre Arbeit eine Rolle spielt: Es sei auch heute wichtig, Menschen in ihrer Trauer nicht allein zu lassen und ihnen einen Weg zur inneren Heilung zu zeigen. Darin sei Tabita ein Vorbild. Und es gebe vielen Eltern Kraft und Mut, dass Tabitas Leben eine positive Wendung genommen habe und sie auferweckt wurde.

Ich habe Nelly und Peter nicht gefragt, aber ich bin mir sicher, dass sie die biblischen Erzählungen über Lea und Tabea gelesen haben, als sie diese Namen für ihre Töchter ausgesucht haben. Warum sie sich für diese entschieden haben, bleibt jedoch ihr Geheimnis. Hatten sie eine unbewusste Ahnung vom Lebensweg ihrer Töchter?

Welche Dinge machen ein Leben wertvoll?

Lea und Tabea Block aus Lemgo sorgen für Gesprächsstoff. Die Meinungen sind sehr verschieden, und die Standpunkte werden kontrovers diskutiert. Es gibt auch kritische Stimmen: Ein Mann, ich nenne ihn Hans, bezeichnet in einem

Internetforum Lea und Tabea als *zwei sehr fragliche Leben*. Und er fordert dazu auf: *Unterstützen Sie lieber die Menschen, die Gutes in der Allgemeinheit tun.* Denn, so schreibt Hans weiter, *wie viele gesunde Kinder könnten normal aufwachsen, wenn ihr nicht ... mit Hilfe der Medien und dem Druck auf die Tränendrüsen der Allgemeinheit solche exorbitanten Kosten aufbürden würdet?* Bevor ich den nächsten Eintrag lesen kann, halte ich inne und hole erst einmal Luft.

Sind nur die Menschen wertvoll, die – gemessen an materiellen Dingen – der Gesellschaft einen Nutzen bringen? Bringe ich den entsprechenden Nutzen, der mich wertvoll macht?

Ich habe den Eindruck, zwei Fragen stehen – ausgesprochen oder unausgesprochen – immer im Raum, wenn über Leas Leben und Tabeas Sterben diskutiert wird: *Was macht das Leben eines jeden Menschen wertvoll? Und wer entscheidet darüber?* Fragen, die ich öfter höre – vor allem von Menschen, die an einem Wendepunkt in ihrem Leben stehen.

Der Mensch ist Gottes Meisterstück

Dass es scheinbar nichts Wertvolleres gibt als unser persönliches Leben, sehe ich beispielsweise daran, dass wir Leib und Leben sogar versichern – möglichst so hoch es geht. Doch was macht es so wertvoll? Jeder beantwortet diese Frage für sich selbst. Ganz oberflächlich fällt mir folgende Antwort ein: Unser Leben ist kostbar, weil es – biologisch betrachtet – hochentwickelt ist. Weil wir – im Gegensatz zu anderen Lebewesen – einen Verstand haben. Weil Menschen technische und wissenschaftliche Höchstleistungen vollbringen können.

Die Frage, was jedes Menschenleben wertvoll macht, wird schon auf den ersten Seiten der Bibel thematisiert und sie gibt eine eindeutige Antwort: Der Mensch ist wertvoll, weil er der Höhepunkt der Schöpfung ist – Gottes Meisterstück. Die Erzählung von der Erschaffung der Welt formuliert es so: Gott schuf die Erde mit allen Pflanzen und Tieren. Sein letztes Werk ist der Mensch. Und Gott sagt, dass er ihn *sehr gut* gemacht hat (1. Mose 1,31). Ein Zeichen, dass wir für Gott ganz besonders kostbar sind.

Und es heißt auch: Gott macht den Menschen zu seinem Ebenbild (1. Mose 1,27). Eine altmodische Formulierung? Ich verstehe sie so: Wir sind die einzigen Geschöpfe, die Gott so macht, dass wir ihm ähnlich und gleichwertig sind. Das bedeutet nicht, dass wir so aussehen wie Gott oder so sind wie er. Sondern dass er unsere Nähe sucht und uns braucht. Er bejaht jeden Mensch. Diese Gemeinschaft ist auch dann nicht zu Ende, wenn wir sterben. Denn das Neue Testament berichtet, dass Gott uns ein Leben nach unserem Tod verspricht, weil er ewig mit uns zusammen sein will. Er tut das, weil er uns liebt. Ein weiteres Zeichen für unseren unendlichen Wert.

Wir sind wertvoll, weil Gott uns diesen Wert zuspricht. Wir können ihn uns nicht selbst geben. Er ist ein Geschenk. Und diese Zusage macht Gott jedem von uns. Sie gilt allen, auch Lea und Tabea. Eine Frau schreibt auf einer Internetseite: *Habt ihr die glücklichen Augen der beiden außerordentlich süßen Mädchen gesehen. Diese Leben sollen nicht lebenswert sein?* Sie formuliert mit ihren Worten, was schon die Schreiber der Bibel vor einigen Tausend Jahren wussten, und sie reagiert auf Menschen, die denken wie Hans.

Wertvoll ohne Bedingung

Dass jedes Leben einen Wert hat, wird kaum jemand bestreiten wollen. Doch hat jedes Leben den gleichen Wert? Manchmal binden wir den menschlichen Wert an bestimmte Bedingungen. Sind nicht Gesundheit und körperliche Unversehrtheit die wichtigsten Bedingungen für ein wertvolles Leben? Kann ich meinen Wert durch irgend etwas steigern?

Gerade Kranke und Menschen mit Behinderung zeigen, dass wir kostbar sind, wie wir kostbarer nicht sein können – und das ohne Bedingung. Bedingungslos! Wir können nichts dazu tun. Unser Wert ist nicht davon abhängig, ob wir körperlich oder seelisch gesund sind. Ob wir erfolgreich und geachtet sind. Ob wir eigenständig, unabhängig und flexibel unser Leben gestalten können. Einen Beruf haben, der uns ausfüllt. Oder ein Haus, ein Auto und ein Boot besitzen. Und diese Aufzählung ließe sich fortführen.

Der Wert, den jedes Leben hat, kann durch nichts und vor allem durch niemand gemindert oder gar außer Kraft gesetzt werden. Der Mensch wird auch nicht dadurch „aufgewertet", dass er anderen und der Gesellschaft nützlich ist.

Deshalb ist es die Aufgabe, die Gott uns stellt, das Leben mit seinen Sonnen- und Schattenseiten sorgsam zu behüten und zu bewahren. Die Liebe, mit der Eltern ihr behindertes Kind versorgen, die Fürsorge, die sie ihm zuteil werden lassen und die Trauer, die sie erleben, wenn es gestorben ist, sind Zeichen für den bedingungslosen Wert jedes menschlichen Lebens.

Ich gebe zu, dass ich diese Aussagen an meinem Schreibtisch recht schnell zu Papier bringen kann, wenn die Sonne scheint und eine Tasse Kaffee neben mir steht. Doch es ist sehr schwer, sie zu glauben und zu leben. Vielleicht kann ich von den vielen lernen, die im Internet schreiben, dass sie ähnlich wie Nelly und Peter denken: *Voller Bewunderung habe ich von der Hingabe und Tapferkeit gelesen, mit der diese beiden Mädchen das Leben, wie es ist, bedingungslos annehmen wollen.*

Wollen siamesische Zwillinge immer getrennt werden?

Wer ein eigenständiges und unabhängiges Leben führen kann, geht davon aus, dass auch siamesische Zwillinge dieses Bestreben haben und alle Hebel in Bewegung setzten, dieses Ziel zu erreichen. Bei Ladan und Laleh Bijani ist dies der Fall gewesen. Sie sind fast 30 Jahre alt, studieren und reisen. In diesen Jahren wächst ihr Wunsch nach einem eigenen Leben ohne die Zwillingsschwester an der Seite. Ramin, der Sohn ihres Adoptivvaters sagt, *sie wollten nur ganz normale Menschen sein.* Deshalb tun sie alles, um voneinander getrennt zu werden. Sie nehmen auch das Risiko auf sich, dabei zu sterben.

Wie die beiden Frauen aus dem Iran denken nicht alle

siamesischen Zwillinge. Es gibt auch ganz andere Berichte: Zeitgenossen von Chang und Eng Bunker schildern, beide seien mit ihrem Zustand vollkommen zufrieden. Nichts mache sie unglücklicher als die Angst vor einer Trennungsoperation. Der Gedanke, sie würden voneinander getrennt, bringe Chang und Eng zum Weinen, denn ihr Lebensgenuss wäre dadurch vermindert. Sie sagen das, obwohl eine Operation auch damals nicht unmöglich war, denn sie hatten nur Verwachsungen an der Haut. Psychologen deuten diese Haltung und sagen, beide haben sich eine Art Konzept zurechtgelegt und beschlossen, ihr Schicksal positiv zu akzeptieren.

Lori und Reba Schappell aus Pennsylvania denken ähnlich wie die Bunker-Zwillinge. Dass sie am Vorderkopf zusammengewachsen sind, ist für sie fast unwichtig geworden: *Ich denke nicht jeden Tag daran, dass ich ein siamesischer Zwilling bin*, sagt Lori. Jede der 40 Jahre alten Frauen hat einen eigenen Freundeskreis und die Mahlzeiten nehmen sie nur selten zur selben Zeit ein. Lori Schappell hält Trennungsversuche für falsch: *Man sollte sich nicht in das einmischen, was Gott gemacht hat.*

Mary und Margaret Gibb aus Massachusetts lehnten ihre Trennung ab, obwohl eine der beiden Frauen an Blasenkrebs erkrankte und die Gefahr bestand, dass Metastasen auch den gesunden Zwilling befallen. Sie wurden 1912 geboren und waren am unteren Rücken miteinander verbunden.

Wie hätten sich Lea und Tabea entschieden? Hätten auch sie miteinander verbunden bleiben wollen? Oder hätten sie wie ihre Eltern dieser hochriskanten Operation ebenfalls zugestimmt? Antworten auf diese Fragen sind reine Spekulation. Man kann sie nicht beantworten. Die Zwillingsschwestern können sich dazu (noch) nicht äußern. Vielleicht schildert Lea ihren Eltern in ein paar Jahren auch ihre Sicht der Dinge. Ich vermute jedoch, sie tut es mit jedem Lächeln, das sie ihren Eltern schenkt. Und ich gebe zu, meine Gedanken sind von dem Wissen geleitet, dass es Tabea nicht geschafft hat und Lea seit der Operation mit einigen Behinderungen leben muss.

Die Erfahrungswerte, ob der Eingriff für Lea psychologische Folgen hat, sind sehr gering. Ein Mann äußert in einem Internetforum seine Bedenken: *Auch wünsche ich ihr, dass sie nicht mit massiven psychischen Problemen kämpfen muss, wenn sie sich eines Tages verantwortlich dafür fühlen sollte, dass sie leben darf und ihre Schwester sterben musste.* Er und andere Kritiker ziehen Studien heran, die belegen, dass Zwillingskinder unter dem Verlust eines Geschwisterchens leiden können. Sie fühlen sich schuldig am Tod der Schwester oder des Bruders. Bei siamesischen Zwillingen ist die Gefahr umso größer. Ob Lea später wirklich unter dem Verlust ihrer Schwester leidet, kann heute niemand sagen. Die kleine Dorothea kann die Lücke, die Tabea hinterlässt, mit Sicherheit nicht füllen, aber Lea hat schon jetzt wieder eine Kinderstimme um sich. Eine Kameradin und Gefährtin, die ihr bestimmt hilft, auch ohne Tabea an ihrer Seite ein glückliches und zufriedenes Leben zu führen.

Der Mühltaler Psychologe Joachim Lask äußert gegenüber der Welt am Sonntag, dass Nelly und Peter bereit sein müssen, mit Lea über Tabeas Tod zu sprechen und an sie zu erinnern. Lask sagt weiter, dass Lea aus dieser psychischen

Last auf kuriose Art auch eine besondere Stärke entwickeln könne.

Über das eigene Leben bestimmen –
Terri Schiavo, Lea und Tabea

Lea und Tabea konnten ihren Willen noch nicht äußern und selbst über ihr Leben entscheiden. Sie mussten auf das Handeln ihrer Eltern vertrauen. Die amerikanische Komapatientin Terri Schindler Schiavo konnte nicht mehr über ihr Leben bestimmen. Sie erlitt 1990 einen vorübergehenden Herzstillstand. Ihr Gehirn wurde schwer beschädigt, und sie fiel in ein Wachkoma. Die behandelnden Ärzte erklärten ihren Hirntod. Eine Besserung ihres Zustandes oder eine Heilung sei deshalb ausgeschlossen.

Ihr Ehemann Michael und ihre Eltern Mary und Bob stritten 15 Jahre vor Gericht, ob Terri weiterhin behandelt und künstlich ernährt wird, oder ob alle lebensverlängernden Maßnahmen unterlassen werden. Im Februar 2005 entschied der Oberste Gerichtshof der USA endgültig, die Ernährungssonde zu entfernen. Terri Schiavo stirbt am 31. März an Wassermangel und Entkräftung. In den Tagen vor ihrem Tod verabreichten ihr die Ärzte Morphium, um eventuellen Schmerzen vorzubeugen.

Ihr Mann und ihre Eltern versuchten, nach Terri Schiavos Willen zu entscheiden. Aussagen ihres Mannes zufolge, habe sie vor einigen Jahren mündlich geäußert, dass sie in einem solchen Fall keine lebensverlängernden Maßnahmen wünsche und nicht weiterleben wolle. Sie hatte diesen

Willen nicht in einer Patientenverfügung schriftlich festgehalten, deshalb floss er erst sehr spät in das Urteil der Richter ein. Wollte sie tatsächlich sterben oder trotz ihres Zustandes weiterleben, obwohl sie sich einige Jahre zuvor anders geäußert hatte? Solange keine klare Willensäußerung der Kranken vorliege, hat die Fürsorge für das Leben Vorrang, äußerte Bischof Wolfgang Huber, Ratsvorsitzender der Evangelischen Kirche in Deutschland.

Werden Lea und Tabea bestraft?

Es gibt so viel Böses auf der Welt ohne Strafe, und diese zwei Mäuse müssen mit solch einer Lebenslast leben. So schreibt eine junge Frau in einem Internetforum. Wofür werden Lea und Tabea bestraft? Ist vielleicht sogar die Schuld anderer Menschen die Ursache für ihre Fehlbildung? Die Erfahrung von Leid und die Schlussfolgerung, die eigene Schuld oder die anderer Menschen könnte die Ursache dafür sein, gehören zu den Grunderfahrungen aller Menschen.

Der Verfasser des Hiobbuches wehrt sich dagegen, dass Krankheit und körperliche Gebrechen eine Strafe Gottes sind. Er erzählt die Geschichte des frommen Hiob, der sein Hab und Gut verliert, seine Kinder und alles, was ihm lieb ist. Zuletzt wird ihm seine Gesundheit genommen, und er leidet an Geschwüren und Aussatz.

Hiobs Freunde erklären ihm, er habe Verbrechen und Freveltaten begangen, für die er jetzt bestraft wird. Sie wollen ihn damit trösten, dass dieses Unheil aufhören werde, wenn er seine Schuld vor Gott eingesteht. Das konnte und wollte der geschundene Hiob nicht tun. Er hält trotz aller Gebrechen an Gott fest und verlangt von ihm eine Klageschrift. Diese werde beweisen, dass er trotz seines Leidens unschuldig ist. In dieser Auseinandersetzung mit Gott wird schließlich deutlich, dass Hiob tatsächlich keine Schuld an seinem Leiden trägt. Er wird rehabilitiert und bekommt als Lohn das Verlorene mehrfach zurück. Hiob erfährt jedoch nicht den Grund seines Leidens, denn der Wille Gottes bleibt den Menschen verborgen, doch Hiob spürt, dass Gott mit ihm gelitten hat (Hiob 1-3 und 42,10ff).

Auch das Neue Testament wehrt sich dagegen, bei Menschen mit einem Handicap von Gottes Strafe oder Schuld zu sprechen. Das Johannesevangelium erzählt von einem Blindgeborenen. Die Jünger Jesu fragen ihren Rabi, wer gesündigt hat, der Blindgeborene oder seine Eltern. Die schlichte und verblüffende Antwort Jesu lautet: *Weder dieser hat gesündigt, noch seine Eltern* (Johannes 9,3). Dasselbe Jesuswort gilt auch für Lea und Tabea. Weder die beiden Mädchen noch ihre Eltern haben gesündigt. Sie werden mit der Fehlbildung nicht für irgend etwas bestraft. Denn Jesus trägt die Schuld aller. Er tilgt sie und nimmt die Strafe auf sich, die Menschen oft zu Recht verdient hätten. Er tut es aus lauter Liebe: *Christus starb für uns, als wir noch Sünder waren* (Römer 5,8).

Auch Nelly und Peter betonen immer wieder, dass sie sich nicht bestraft fühlen. Gegenüber dem STERN sprechen sie von einer Prüfung. Vielleicht kann man Menschen wie Lea und Tabea auch als eine Herausforderung Gottes an uns verstehen. Denn beide waren sehr glückliche Mädchen.

Brauchen andere das Geld nicht viel dringender?

Bei allem Mitgefühl für die Eltern – die horrenden Operationskosten würden ausreichen, Hunderten armen Kindern das Überleben zu ermöglichen. So schreibt ein STERN-Leser in einem Brief an das Nachrichtenmagazin. Er spricht aus, was viele gedacht haben. Mein gesunder Menschenverstand sagt mir das auch. Ich habe mich nur nicht getraut, es auszusprechen.

Hat dieser Mann Recht? Geht seine Rechnung auf, oder hat er sich verrechnet? Auf den ersten Blick scheint er ganz richtig zu liegen. In Afrika südlich der Sahara leben im Jahr 2005 rund 200 Millionen Menschen, die unterernährt sind. Sie haben ein Einkommen von weniger als einem US-Dollar pro Tag zur Verfügung. Die Armut trifft rund ein Drittel der dortigen Bevölkerung. Hier wird Hilfe dringend gebraucht.

Die Gesamtkosten für die Trennungsoperation von Lea und Tabea betrugen etwa 1 Million Euro. Es steht außer Frage, dass es notwendig und berechtigt war, so viel Geld für diese Operation zu bezahlen. Doch wie vielen Menschen hätte man damit auch helfen können? Für kurze Zeit wird mit dieser Summe das Überleben einiger Hunderttausend Menschen in einer Krisenregion der Welt gesichert – so ein kühner Rechner. Zwei Menschen gegen Hunderttausend. Ich erschrecke bei diesem Gedanken.

Dürfen wir so rechnen? Können wir Kosten und Nutzen miteinander ins Verhältnis setzten? Diese Aufrechnung ist müßig und kann auf viele andere Bereiche angewendet werden. Sie stellt Leas Leben und Tabeas Tod in Frage. Und sie zweifelt deren Lebenswert an.

Diese Rechnung widerspricht dem Anspruch jedes Arztes. *Wenn man diese Zahlen aufwiegen will, muss man alle Krankenhäuser schließen. Wir haben Verantwortung hier und jetzt*, meint Ortrun Riha, Medizinhistorikerin in Leipzig. Vor allem in der Intensivmedizin werden oft sehr hohe Kosten in dem Wissen verursacht, dass dieser Einsatz mit großer Wahrscheinlichkeit vergeblich sein wird. Jeder, der so aufrechnet, muss sich eine Gegenfrage gefallen lassen: Wäre das Geld überhaupt für andere Projekte und Initiativen zusammen gekommen? Es bleibt jedem unbenommen, trotzdem für die Menschen in Afrika zu sammeln und zu spenden.

Das Gleichnis vom verlorenen Schaf

Diese Aufrechnung von Menschenleben wird so ähnlich schon im Neuen Testament thematisiert. Jesus beantwortet die Frage, welches Leben wertvoller ist, mit dem Gleichnis vom verlorenen Schaf. Das Lukasevangelium erzählt von folgender Begebenheit: Jüdische Gesetzeslehrer sind erschüttert, dass Jesus sich mit Menschen umgibt, die in der damaligen Gesellschaft verachtet wurden. Sie sind entsetzt, dass er mit Zöllnern und Sündern zu Tisch sitzt, redet und isst.

Jesus antwortet den Gesetzeslehrern: *Stellt euch vor, einer von euch hat hundert Schafe und eines davon verläuft sich. Was wird er machen? Er lässt bestimmt die neunundneunzig allein und sucht das Verlorene so lange, bis er es findet. Wenn er es entdeckt, freut er sich, nimmt es auf seine*

Schultern und trägt es nach Hause. Dort ruft er seine Freunde und Nachbarn zusammen und sagt zu ihnen: Freut euch mit mir, ich habe mein verlorenes Schaf wiedergefunden (Lukas 1,15).

Gott legt also andere Maßstäbe an. Bei ihm gelten andere Gesetze. Er freut sich über jeden einzelnen. Gott rechnet anders als wir Menschen – wenn er überhaupt rechnet. Menschenleben lassen sich nie gegeneinander aufrechnen. Das können wir nicht verstehen, sondern nur annehmen. Und zwar dann, wenn wir jedes Menschenleben und -schicksal als von Gott so gewollt glauben.

Wenn Gott Menschenleben nicht aufrechnet, können und sollen wir das auch nicht tun. Leas und Tabeas Leben war und ist nicht wertvoller als das anderer Menschen, denen nicht geholfen wird. Und es ist nicht wertloser als das anderer Menschen.

Die Wahl zwischen zwei Übeln

Die Überlegung, ob man zwei Menschen hilft, in dem Fall Lea und Tabea, oder einigen Hunderttausend ist eine Entscheidung wie die zwischen zwei Übeln. Es ist eine ausweglose Situation. In ihr befindet sich jeder, der hier eine Entscheidung treffen muss. Diese Ausweglosigkeit ist der tiefste Ausdruck dessen, was die Bibel das Sündersein nennt. Es ist ein Zeichen unserer Begrenztheit. Sie haftet uns Menschen in jeder Beziehung an. Ohne diesen Zusammenhang lässt sich das Schicksal der Familie Block – ihr Verhalten und ihre Entscheidung – weder verstehen noch beschreiben.

Wir müssen Verantwortung übernehmen

Diese Fragen und Überlegungen sind für Christen zugleich Glaubensfragen. Jeder ist aufgefordert, sie zu beantworten, auch wenn es ihm schwer fällt. Wer Antworten findet, reagiert auf Gott und sein Wort an uns. Eine wichtige Antwort kann sein, Verantwortung vor Gott zu übernehmen. Und zwar mit Worten, vor allem aber durch unser Handeln. Dieses Handeln soll Gott gegenüber gehorsam sein und vom Gebet begleitet werden.

Wie sieht das konkret aus? Die Verantwortung vor Gott verlangt von uns, dass wir uns für unsere Mitmenschen verantwortlich fühlen. Indem wir ihr Schicksal mittragen und für sie einstehen. So wie wir alle das Schicksal von Lea und Tabea sowie Nelly und Peter mitgetragen haben.